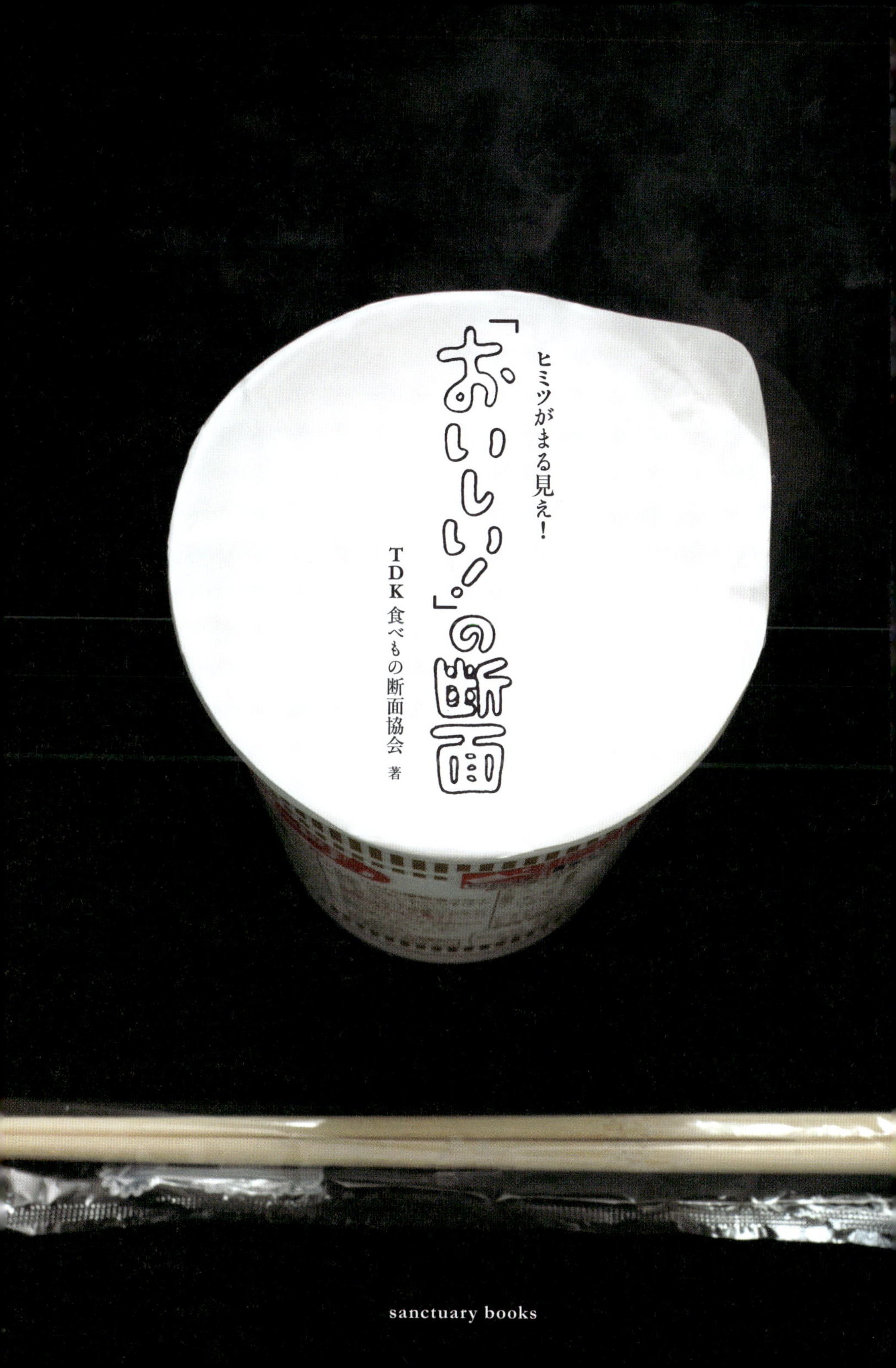

ヒミツがまる見え！「おいしい」の断面

TDK食べもの断面協会 著

sanctuary books

はじめに

両手に持ったおにぎりをひと口食べて「あっ、梅干しだったよ〜」と悲鳴をあげたりします。「鮭がよかった！」とか「昆布が好き」という好みもありますが、中身を見た瞬間の驚きや気もちも、味わいの一部になっているのです。

では、断面がきれいに見えているのり巻きはどうでしょう？

黄色い卵焼き、ピンクの甘いでんぶ、茶色く味のしみたかんぴょう、シャキッとした緑のきゅうり……まぐろの赤身やいかなどの豪華な海鮮巻きもあります。

その断面は華やいでいて、手に取る前から、口の中には唾液が準備万全、脳みそはおいしい予感に震えながら備えています。

食べものの断面には、見えるおいしさが満載。食べる前によくよく観察していくと、隠れたおいしさのヒミツが発見できます。

おにぎりとのり巻き、具材の豪華さこそ違えど「ごはんをのりでくるんだもの」という、組み合わせは同じ。でも、本当の違いはここから。

断面をよ〜〜〜〜く見てください。

おにぎりのお米と、のり巻きのお米は微妙に違いますね。のり巻きは、酢飯。ちょっとツヤツヤして、味が付いています。

ふっくらおいしく握られたおにぎり、キュッと巻かれたのり巻き、お米の密度がビミョ〜〜〜に違うのです。

お米だって、おにぎりにはコシヒカリやあきたこまちなどの、ちょっと粘りのある品種。のり巻きの酢飯には、粘りの少ない、さっぱり系のササニシキがぴったりなのです。どちらも、ベタッと詰まったごはん粒は、おいしくありません。

おいしい断面は、食べても間違いなくおいしいものです。普段は上の方から眺めていた料理を断面にしてみると、意外な表情が顔を出すことも。

カップ麺の器も、食べる前に乾麺を取り出して確認する人は少ないでしょう。お湯を注いで待ちきれない3分。ハフハフ、ずるずる、5分もすればスープまで完食で、全ては完結してしまいます。おいしいものをほお張るひとときは、栄養とかカロリー、つまらないウンチク情報などかすむほど、人生の中で最も重要な時間なのです。

次にカップ麺を食べるときには、本書の1分後、3分後の写真（10、11ページ）を思い出しながら、待ち時間を充実したものにしてください。

本書は、誰もが大好きなごはんの数々を魔法のナイフでスパッとまっぷたつにしております。食べていたけど見たことのない景色、見ていたはずなのに知らない断面情報、あれこれ満載です。

この魔法のナイフの切れ味が、どんなスーパーテクニックなのか、あれこれ想像してしまうと、せっかくの断面がマズく見えてきますので、くれぐれもご注意くださいね。

断面制作TDK

もくじ

ジューシー脂がおいしい

甘味の中身

絶妙な組み合わせ

魚のうま味

みんな「大好き！」のおいしさ

カップ麺

カップ麺にお湯を入れてからの
「3分間」は魔法の時間。
その時間は永遠に感じられたものですが、
「中の麺はどんな?」
「今開けたらダメか?」と、
やっぱり中身は気になります。
その内側は、想像以上に知恵がギッシリ!
この世界的な発明を、
まっぷたつにしちゃいました。

「かやく」って火薬なの?

カップ麺に入っているかやくは「加薬」と書きます。薬味を加えるという意味。火気厳禁・爆発注意の「火薬」ではないのでご安心を。

下の方はお湯の温度が低いので、ちょっとスカスカ

底には隠された空洞が!

下部に空洞があるおかげで、麺は下からも加熱されて、ムラなく戻すことができるのです。また、輸送中に崩れにくくなるメリットもあります。麺が宙吊りになっているのは、量をごまかしているわけではないんです。

また、よく麺の密度を見ると上部はギッシリ詰まっているのに、下の方はスカスカ。「材料を少なくして儲けるためじゃないか!」って? いいえ、違います! お湯の温度は上が高く、下にいくほど低くなるもの。温度差の中でも全体をしっかりと戻すことができるように、密度を変えてあるのです。

空き容器を使って簡単温泉卵の裏ワザ

カップ麺の容器は保温性のある素材なので、熱湯を注ぐだけで簡単に温泉卵が作れちゃう!

1 洗ったカップ麺の空き容器に、室温に戻した卵を入れる。
2 沸騰したてのお湯を内側の線まで注ぎ、お皿などでフタをして20分置く。
3 お湯だけ捨ててフタをし、さらに10分置けば出来上がり!

1
2
CUP NOODLE

ツルツルすすれない人々

世界には、麺をすすれない人たちがたくさんいます。スープも音を立てないよう、もぐもぐ食べる上品な習慣の人たちです。そんな国には、麺を短くカットして、フォークで食べやすくしたカップ麺があるようです。

小さなえびの正体は……

カップ麺に使われるのは、「プーバラン」というクルマエビ科のえび。インド洋で漁獲され、フリーズドライ加工を経てかやくになります。

上の方はぎっちりと詰まっていて、輸送中でも崩れないよ!
アレッ?
お湯が下にも回って上下から加熱されるわけだ

人の脳が3分間と決めた!?

技術的には、1分で出来上がる早ゆでカップ麺も作れるそうです。店頭でもたまに見かけますが、いまだ3分タイプが主流。早い方が良い、というわけではないのでしょうか？

では、1分だとどうでしょう？ 食べるには、お湯がまだ熱すぎる。たった60秒では、ヤケドしそうな熱さです。意外な盲点。

もうひとつ、素早く戻る麺は伸びてしまうのも早いという点。1分経った時点で戻っているのはよいものの、その後もやわらかくなり続けてしまうのは困りもの。3分かけて戻る麺なら、食べている間に伸びすぎることはありません。

「人がストレスを感じずに待てる時間が3分」という心理的な要因も大きいかもしれません。じっと待たされている状態では、3分経過したころから集中力が切れてイライラし始めるのだとか。空腹ならなおさらですね。

新発見!?
まっぷたつに切ってわかった麺のヒミツは
次のページ!!

スクープ！

まっぷたつにしたから見えた！

麺のヒミツ

お湯を入れて1分後の断面をよ〜〜く見ると、一本一本の麺がまるでマカロニのようになっているのがわかります。どうやら、これがカップ麺が3分で戻るヒミツのよう。これは、断面でしか見られない貴重な画像だ!!

上の写真は、沸騰したてのお湯を注いで約1分後の断面図。カップの下にお湯が回り、上と下から麺が戻る様子がわかります。最も麺の密度が高い、中心より少し上の部分にはまだお湯が浸透していません。

かやく図鑑スタート!!

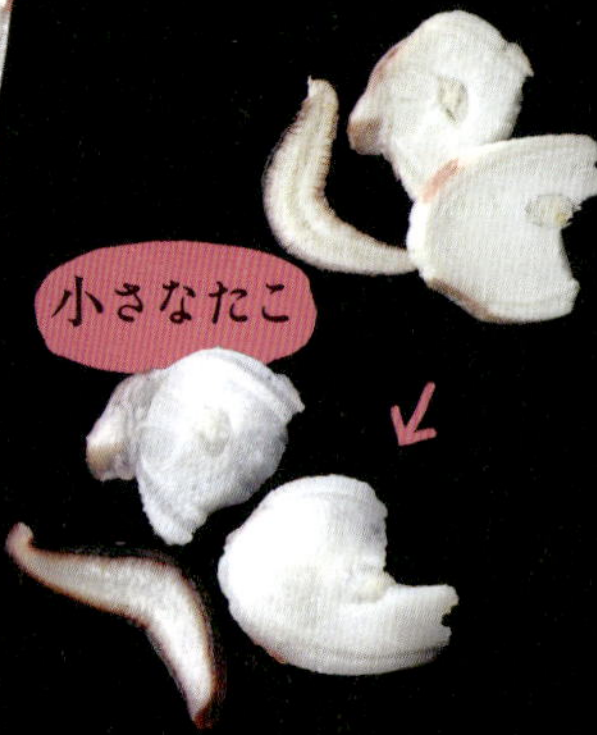

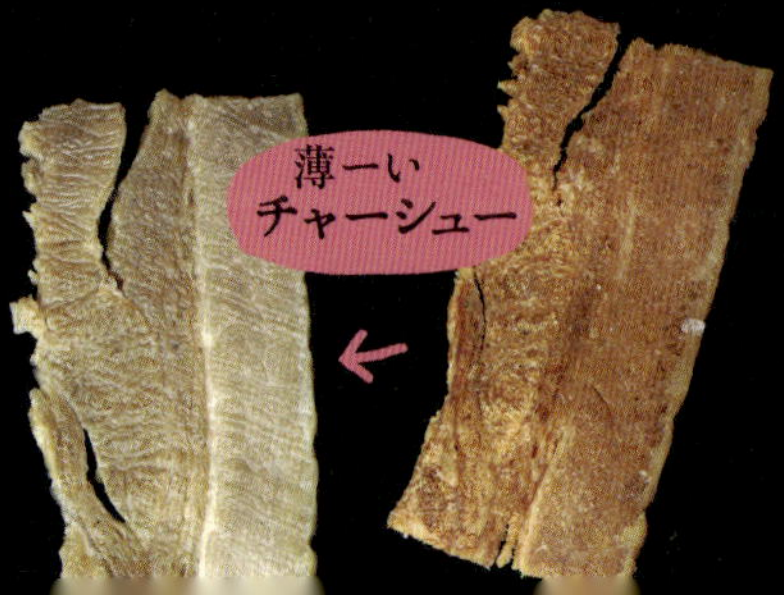

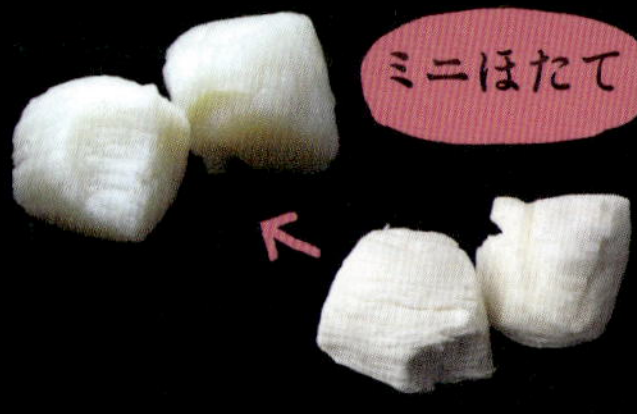

カラフルミックスの 野菜

温度までおいしい!

沸騰したてのお湯をカップに注いだときは約80℃ですが、3分経って底から数回混ぜると70℃くらいまで下がります。熱い食べものをおいしいと思える温度は62〜70℃。カップ麺は、食べる瞬間のお湯の温度まで計算しつくされているのです!

3分後 完成!!

70℃
こんなにカサが増える!
しっかり混ぜないと、味はほとんど下にたまっているよ

牛? 豚?
謎の肉

カップ麺に入っている肉は、正式名称を「ダイスミンチ」といいます。ミンチ状の豚肉と野菜を味付けし、フリーズドライ加工したものです。

いよいよ出来上がり。麺は容器いっぱいに膨らみました。下の方はスープが濃くなっているので、底からよく混ぜて食べましょう。

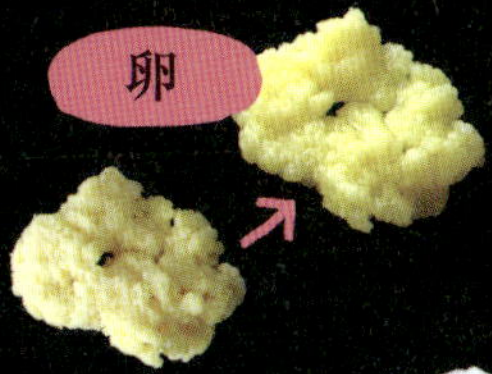
卵

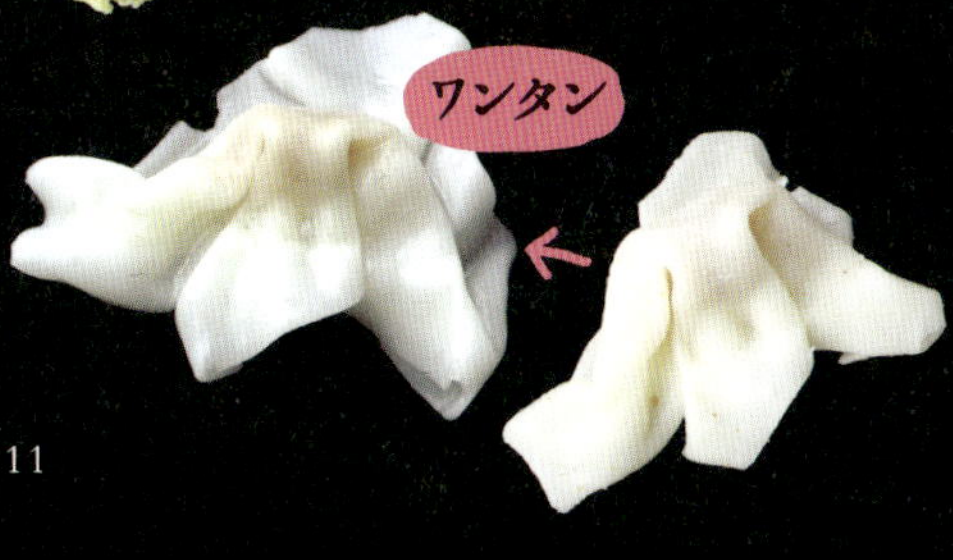
ワンタン

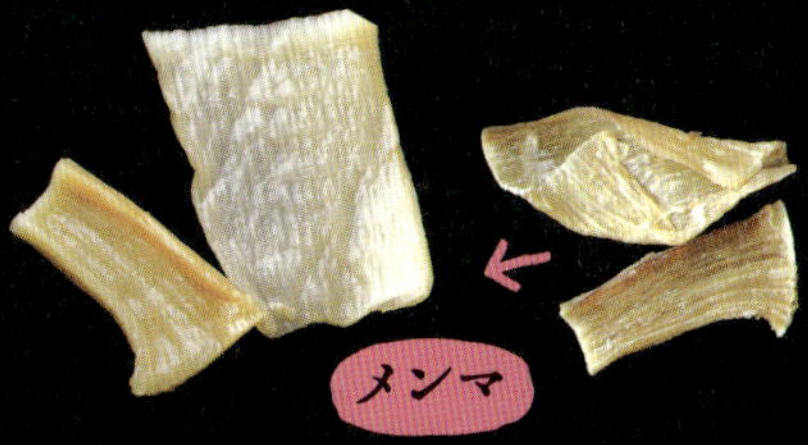
メンマ

おにぎりとおむすび

お塩で握っただけのごはん。

なぜあんなにおいしく感じるのでしょ?

お茶碗から食べるごはんとは別の味、不思議です。手づかみでパクッとかぶりついてほお張れる満足感。

遠足や運動会、空の下で食べる開放感。

「お母さんが握ってくれた」という魔法の調味料もあるかもしれませんね。

身近すぎる国民食のヒミツをまっぷたつにして、考えてみました。

マヨ系おにぎりが大人気の理由

マヨネーズって、罪な奴です。卵のコクとほど良い酸味で、高カロリーとわかっているのに、やめられない止まらない。ツナマヨは登場以来、人気を独り占めしてきました。

→14ページ
「梅干し年表」

おにぎりにぴったり! しょうゆ漬け卵の作り方

冷凍することでムチッとした質感になり、おにぎりでも包みやすいしょうゆ漬け卵です。これだけでお酒のアテにも!

1 生卵を丸一日以上冷凍して、完全に凍らせる。
2 冷凍庫から取り出して、軽く水をかけて殻を取り除き、器に入れて常温で解凍。溶けたら黄身を分けて別の器に移します。
3 黄身1個につきしょうゆ小さじ2、みりん小さじ1/2を加え、ラップをして1〜3日冷蔵庫に入れておくだけ。好みの漬かり具合で取り出す。

「おにぎり」と「おむすび」の違いって?

諸説ありますが、「おにぎり」は「握り飯」、「おむすび」は、古事記に登場する「むすびの神」が由来。昔の人は山を神格化して、その力を宿そうと米を山の形(三角形)に握ったといわれています。食べものとしては、どちらも同じです。

マヨネーズをおいしいと感じるヒミツは、「油脂の乳化」という仕組みにあります。乳化とは、本来は混ざり合わないはずの油脂と水分が均一に混ざり合うことです。油脂そのままでは重たくてベタベタした感じですが、乳化することで口当たりは軽くなってうま味が際立ち、たくさん食べられるようになってしまいます。マヨネーズも約70％は油で、大さじ1杯は84キロカロリー。ビール1杯（200ミリリットル）と同じくらいのカロリーです。

人間の脳には、直接エネルギー源となる「油脂」や「糖」が口に入ると、無条件に「これ、おいしい！」と感じてついついとり過ぎてしまう性質があります。だから、糖をたっぷり含むごはんと油たっぷりのマヨネーズは、人間が本能的に抑制できない禁断の組み合わせなのです。

コンビニでの売り上げ数も、堂々の第1位。マヨネーズ系強し！

竹皮包み
→16ページ「使い方」
キムチマヨ

おすすめは海の塩

ミネラルたっぷりの海の塩は、まろやかな味なのでおにぎり向きです。海水の中のカリウム、カルシウム、マグネシウムが精製塩にはないうま味のもとになっています。

Salt

超カンタン！キムチマヨの作り方

ムズカシイことは考えず、混ぜるだけ。量はテキトーでもおいしくできます。

1. キムチをざく切りにする。
2. マヨネーズを好きなだけ入れて混ぜる。

米

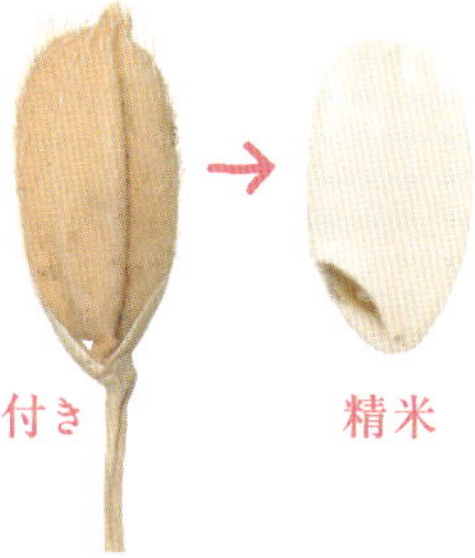

モミ付き
精米

米の品種によって、食感にも差があります。「ササニシキ」は粘りも少なくあっさり。「コシヒカリ」の方が粘りも強い品種。「あきたこまち」「ミルキークイーン」などは、おにぎり向きの品種です。

梅干し年表

花が咲いて、実ができて、
それからなんと
100年ものの梅干しまで。
ヨーイドン！

熟した梅は
黄色です
花
実
3年目
4年目

6年目
7年目
8年目
10年目
11年目
12年目
13年目

シワが深く
なってきました
21年目
20年目
19年目
18年目
17年目
16年目
15年目

23年目
24年目
25年目
26年目

おにぎりの具といえば、やっぱり梅干し。最近流行《はや》りのはちみつ入りや減塩ものなんてヤワなのは邪道！ 塩分しっかり、すっぱ～いのでなくてはいけません。

昔ながらの梅干しは、塩分濃度20％。海水の3％と比べても圧倒的な数字です。それだけたっぷりの塩を使っていれば、保存性は抜群。管理がきちんとしていれば、何百年と前の梅干しだって食べられるそうです。江戸時代の梅干しって、一体どんな味がするのでしょう……。

水分が
抜けてきた
28年目
29年目
30年目
32年目
33年目
35年目
36年目
38年目
42年目
もう
カラカラ！
100年もの!!

これを実際に食べた人は
「もう水分はほとんどありませんが、少しかじって口の中に入れていると奥深い梅の味がしたような……」ロマンですね。

写真協力／藤巻あつこ

コンビニおにぎりは、おにぎりに非ず

　最近、本物のおにぎり食べていますか？ え、よくコンビニのおにぎり食べてますって？ あれ、「おにぎり」と表記されてはいるものの、本物のおにぎりとは全く別の食べものです。手軽に食べられる「味付けごはん」なのです。

　コンビニのおにぎりと手作りのおにぎりの一番の違いは、「どこに」塩が使われているか。

　手で握るときは手のひらに塩をまぶしてから握るので、塩が付いているのは表面だけ。一方コンビニおにぎりは、ごはんを炊くときの水に塩を入れているので、全体に塩味が付くことになります。どちらも食べたときのしょっぱさには、大差ありません。

　「塩気が同じなら、味は変わらないんじゃないの？」いえいえ、人の味覚はそんなに単純じゃありません。表面だけに塩が付いている場合は、おにぎりを口に入れてはじめに舌に当たる部分に強い塩気を感じ、咀嚼《そしゃく》とともにごはんの甘みが引き立ってくるのです。この、味わいの「ムラ」や「変化」もおいしさのひとつ。食べ比べるとわかりますが、コンビニおにぎりには塩味が均一に付いているため、米だけ食べると単調に感じるはず。でも、コンビニのおにぎりには塩だけでなく、うま味をカバーするための化学調味料（キケンな添加物ではありません）や、ごはんにツヤを出しパラパラにするための油も使われています。なかなか気づかないものですね。

　化学調味料や油を使っているなんて知らなかったというあなた。今度コンビニおにぎりを口に含んで、じっくり味わってみてください。

これは
味付きごはんだぞ！
サラダ油で
ツヤツヤ……

コンビニおにぎり再現レシピ

材料（作りやすい分量）

米…2合
A｜塩…小さじ1
　｜うま味調味料…小さじ1/4
サラダ油…小さじ1
好きな具…適量

作り方

1 米を普通に研いで炊飯器に入れ、2合の目盛りまで水を注ぐ。
2 1にAを入れて軽く混ぜ、最後にサラダ油を入れて普通に炊く。
3 炊き上がったら底から混ぜ、好きな具を入れて握る。

リバイバルブーム必至!?

竹皮包みの使い方

竹皮には防腐性やほど良い通気性・吸湿性があり、おにぎりを持ち運ぶにはうってつけの素材。昔の人の知恵って、つくづく理にかなっているものです。

竹皮は、現代でも結構簡単に手に入れることができます。大型のホームセンターや雑貨店、もしくはネットで検索すればすぐに見つかるはず。曲げわっぱブームも落ち着いてきた昨今、次は竹皮包みブームがやってくるかも!? 使い方にはちょっとコツがあるので、一足先にマスターしておきましょう!

ひたひた〜

1 まず、水で戻す

バットなどに竹皮を入れ、水にしっかりと浸かるように重しをして1〜3時間置く。失敗したときのために、必要な枚数より少し多めに戻しておくとよい。

← コレが竹串

2 ひもを切り取る

戻し終わったら取り出してしっかりと水気を拭き、最後にしばるためのひもを切り取る。竹皮の端から5〜10㎜くらいの太さでまっすぐに裂く。竹串を使えば楽チン。

3 おにぎりをのせる

竹皮の内側(模様が薄い方)におにぎりをのせ、おにぎりの幅に合わせて軽く折り目をつける。すき間に漬けものなどを添えてもよい。

できあがり

4 ひもでしばって完成

中のおにぎりが動かないよう、3でつけた折り目でしっかりと折り込む。最後に2で切り取ったひもで中央部分をしばる。切れてしまうことがあるので、力の入れすぎには注意。

包む素材でおいしさが変わる

おにぎりって、時間が経ってから食べることが多いもの。食べるまでにラップに包んでおくか、アルミホイルかでも、おいしさが変わります。

この2択ならおいしいのは断然アルミ。アルミホイルはごはんとの間にほど良く空気を含み、ごはんのふっくら感が長続き。一方ラップは、ぺったり張りついてしまい、湿気を逃がすことが出来ずにねっちりとした食感になってしまいます。

ラップ
ぺったり。。。残念!
アルミホイル
ふっくら
空気が入ったふっくらパック
コンビニ
紀州南高梅

空気にぎり
「おにぎり」は温かいごはんに塩を付けて握ったもの。作り方のコツは、お米といっしょに「空気を握る」ことです！
空気も材料!
Salt
お米を炊くときには、1割程水を少なく炊きます。米の品種によっても、新米か古米かによっても硬さは変わりますが、パサパサしない程度のさっくりした硬さが理想です。
少し硬めに!!
ごはんは、冷めてしまうとくっつかないので、熱いうちに握ります。
ヤケドには注意
お茶碗を2つ用意。中に1個分のごはんを入れます。
軽く、ごはんをまとめるようにシャカシャカと振ります。丸くまとめるだけで、強く固める必要はありません。
シェイク！シェイク！
お好みの具材を中心にセットしたら、軽くもうひと振り。
お塩のうま味はとても大切！甘みのある海の塩を使います。
岩塩
食卓塩
海の塩
藻塩もよい
おにぎりといっても、強く握るのは厳禁。最後は「空気を握る」つもりで、三角にまとめます。
仕上げは
軽く! 軽く!
握らないのが
おにぎりのコツ!

ナポリタン

昔ながらの喫茶店や食堂のナポリタンって、
ときどき無性に食べたくなりますよね。
ふと思い立って、自分で作ってみると
何かが決定的に違う感じ……。
良い材料を使うほど、
上手に作ろうとすればするほど
あの味から離れていく、不思議な料理なのです。

あのコク、あのうま味は オレンジ色が証

ケチャップは、よ～く炒めると赤からオレンジに色が変わります。酸味のカドが取れて甘みが増し、うま味が凝縮されたサイン。

極太麺はマスト！
うま味
ソーセージのうま味が
麺に移るからおいしい！
うま味

ピーマンはお嫌いですか？

人気のある野菜ではないそうですが、ピーマンなしのナポリタンというのは実に味気ないもの。独特の苦みと香りが、全体の味を引き締め、奥行きを出してくれているのです。

日本流「あるでんて」だから うまい！

一般的に、スパゲティの基本はこうです。

「麺はアルデンテ。ゆですぎ禁止」、「麺はすぐにソースと合わせる！」、イタリアンの鉄則です。

しかし！ おいしいナポリタンを作るには、麺は芯がなくなるまでしっかりとゆでます。日本流の「あるでんて」は、最後までしっかりと火を通しましょう。

そして日本の麺料理の基本は「麺を水で締める」！ うどんもそばもそうめんも、全部水で締める！ 麺も頭も、熱くなったらいったんクールダウン。ここは日本ですから、スパゲティといえど例外ではありません。しっかり冷えたら、ざるに上げておきます。そのまま冷蔵庫に入れて、ひと晩寝かせてもいいですね。より「もちもち食感」になります。

最後に、麺はケチャップとともにしっかりと炒めましょう。フライパンが奏でる「じゅ～じゅ～」という音をしばしの間楽しみ、麺に充分ケチャップが絡んだら出来上がり。

読んだだけでは信じられない？ 試しに作ってみれば、きっとわかるはず……。

麺は極太2.2㎜!

スパゲティの麺は1.2～1.6㎜が基本ですが、ナポリタンには2.2㎜を使います。もちもちとした歯ごたえ、濃いめのケチャップ味とのバランスには、極太麺でなくてはならないのです。

ナポリタン用	2.2mm
スパゲティ	1.9mm
スパゲティーニ	1.7mm
	1.5mm
フェデリーニ	1.3mm
カッペリーニ	0.9mm

（ほぼ実寸）

チーズは無料《タダ》でも かけすぎ注意!

粉チーズって、いくらでもかけたいくらいおいしいです。お店によってはサービスでかけ放題の場合もあって、ありがたい限り。でも、かけすぎるとスパゲティの水分がチーズに吸われてパッサパサ！ いくらおいしくてもほどほどにとどめましょう。

タバスコの隠し味効果

その辛みと酸味が、ケチャップの甘みとうま味を引き立ててくれます。パスタやピザに使うのが定番ですが、もとは生がき用のソースとして考案されたものです。

どれが好み？ 全部入れちゃう!?

ナポリタンの隠し味たち

バター

これだけは思い切ってたっぷり使うとおいしい。炒め油と仕上げの両方で入れるのが効果的。

牛乳

仕上げに少し加えるとマイルドになります。生クリームなら、さらにリッチな味わいに！

みそ

少量でコクと香りがアップ！入れすぎると和テイストになりすぎるので注意。

ウスターソース

たくさんの野菜とスパイスを煮込んだ調味料だから、うま味がたっぷり。

しょうゆ

少し味がもの足りないと感じたときに少量使うと、味にぐっと奥行きが出ます。

タバスコ

少しの辛みが全体の味を引き締めます。炒めるときに加えれば酸味がマイルドに。

ケチャップだけで味付けしたナポリタンはちょっともの足りない。そこに隠し味を入れると、ぐっと奥行きのある味わいになります。あくまで「隠し」味ですから、入れすぎは禁物。ナポリタンではない別の料理になってしまいますよ！

番外編

ケチャップA×ケチャップB

ケチャップの味はメーカーによって結構異なるものです。あるメーカーはスパイス強め、またあるメーカーはトマトの甘さ強め、とか。2種類以上のケチャップをブレンドして味付けすると、複雑な味わいに。

喫茶店のナポリタン のくわしい材料と作り方

材料（2人分）

スパゲティ（2.2mm）…200g
サラダ油…適量
ウインナー…4本
玉ねぎ…1/2個
ピーマン…1～2個
マッシュルーム…1パック
トマトケチャップ…大さじ5
ソース…小さじ1
塩・こしょう…各少々

作り方

1 スパゲティは塩を加えたたっぷりの湯でゆでて冷水で締め、油をまぶしてひと晩寝かせる。
2 ウインナーは斜め薄切りにする。玉ねぎ、ピーマン、マッシュルームは薄切りにする。
3 フライパンに多めの油を熱し、ウインナー、玉ねぎ、ピーマンの順に加え強火で手早く炒め、1のスパゲティを加えて炒め合わせる。
4 塩・こしょう、トマトケチャップ、ソースを加えてオレンジ色になるまでよく炒めたら出来上がり。

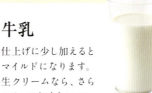

喫茶店のナポリタン
なるべく太めの方が、むっちりモチモチ感が出やすいのです。

こだわりの極太麺！

お鍋はほどほどの大きさ。

2ℓくらいのお湯があれば充分です。

塩を入れておく
沸騰してきたら火はギリギリまで小さくして吹きこぼれないよう注意。

吹きこぼれ注意！

アルデンテでもなくゆですぎにもならないように途中で試食しながらゆでます。

日本式の「あるでんて」はしっかりゆで上がった麺。ざるに上げたら、冷水で締めます！

イタリア人は怒るかも！

油を大さじ1ふりかけて麺がくっつかないようにします。冷蔵庫に入れて、いったん寝かせるとモチモチ感が増します。

大きめのフライパンに、少し多めの油を入れます。サラダ油でもオリーブ油でもよいでしょう。材料をささっと炒めて、麺を投入！

さっとでOK
そして調味料 隠し味を加えます。

麺はしっかり炒めて、モチモチ感をアップさせます。

しっかり炒める
ケチャップがオレンジ色に変わったら出来上がり!!

食後のコーヒーがおいしい、濃厚ナポリタンです。

チーズは適量！

チャーハン

中華料理店の厨房に響くリズミカルな鍋音。熱した油に卵を落としてから始まる神業！ ごはんは宙を舞い、ほぐれた金色の卵が躍り、あっという間のイリュージョン。母親の「焼き飯」とは、別次元の料理です。

中華のおたまはひとつ五役！

中華料理に、大きなおたまは欠かせません。これひとつで、いくつもの役割をこなせる大変便利な道具なのです。

中華鍋のヒミツ

中華鍋は鉄製。持ってみるととても重く感じますが、加熱されたら温度が下がりにくく、しっかりと火を通してくれます。さらに、底が曲面になっているため表面積はフライパンの2倍以上、均一に熱を加えることができるのです。

チャーハンの理想形は「パラしと」！

ただパラパラなだけのチャーハンって、あまり感動できるものじゃありません。パラパラがすぎてカラカラになってしまっているものも、たまにあります。油でギトギトは、もっといけません。

おいしいっ！ と感激できるチャーハンは、レンゲを差し込んだ瞬間パラッと崩れて、口に入れるとふっくらしっとり。余計な油を使わず、ごはんの水分を失いすぎず、いい塩梅の「パラしと」チャーハンが理想です。

おうちで作るときは、「パラパラ」だけじゃなく「しっとり」も意識してみると、きっとおいしくなるはず。イメージを変えるだけでも、料理の仕上がりは別ものです！

宙を舞っている間
も加熱中だぜ！
放射熱
急げ！
止まると焦げる！

1 すくう
おたまらしい使い方。

2 混ぜる
重さがあるので混ぜやすい。おたまの中で片栗粉と水を合わせてからとろみをつけることもある。

3 押さえる
へらのようにも使う。チャーハンのごはんを鍋底に押し付けて加熱したりする。

4 計量
プロはおたまで調味料を量る。

5 盛り付け
出来上がったチャーハンをおたまに詰めてお皿に移せば、おなじみの半球型に。

チャーハンはなぜ煽る？

パラパラにほぐすためでもありますが、それだけではありません。ごはんの外側だけカリッと、中はふっくらさせるため、火力は超強火。絶えず動かしていないと焦げてしまうのです。そのため、火力の弱い家庭用コンロで煽る必要は、あまりありません。

チャーハンと焼き飯は、プロ・アマの違い！

両者の分け方には諸説ありますが、ここではあえてこう定義しましょう。プロの腕と設備があって作れるのが「チャーハン」、特別なテクニックと設備が必要なく、誰でも作れるのが「焼き飯」と。

「おいしく作る」という目的地は同じ。プロとアマの差は、そこへの辿り着き方にあります。逆の言い方をすれば、プロと同じ作り方をしなくても、ちゃんと目的地に辿り着ければそれでOKなのです。

次のページでは、中華料理店だから作れるチャーハンと、家でもおいしい焼き飯の作り方を徹底比較。誰でも〝パラしと〟に作れるおうちの「焼き飯」レシピは必見ですよ！

くわしくは次ページ

中華料理店のチャーハン

プロは油の量を惜しまない!

道具

中華のおたま
調味料入れ
でかい包丁
中華鍋

材料（1人分）

チャーシュー…30g
長ねぎ…1／4本
卵…1個
ごはん…170g
サラダ油…適量

塩…適量
こしょう…適量
酒…大さじ1／2
しょうゆ…小さじ1／2
うま味調味料…小さじ1

これがお店のヒミツ

作り方

1 チャーシューは5㎜角のさいの目切りにする。長ねぎはみじん切りにする。
2 卵を割りほぐし、塩少々を加えて混ぜ合わせる。
3 鍋を強火で充分に熱して多めのサラダ油をなじませる。

おうちの焼き飯

家だからできる裏ワザ!

道具

三徳包丁
計量スプーン
木べら
フッ素樹脂加工のフライパン

材料（1人分）

チャーシュー…30g
長ねぎ…1／4本
卵…1個
ごはん…170g
サラダ油…大さじ1

塩…適量
こしょう…適量
酒…大さじ1／2
しょうゆ…小さじ1／2

作り方

1 チャーシューは5㎜角のさいの目切りにする。長ねぎはみじん切りにする。
2 卵を割りほぐし、塩少々を加えて混ぜ合わせる。
3 ごはんにサラダ油大さじ1／2を加えて混ぜ、全体に絡める。

火力が強いので、焦げないように
絶えず煽らなければならない

手早く約2分!!

プロのチャーハン

4 大さじ2くらいの油を鍋に残して余分な油を油入れに戻し、溶き卵を入れる。

5 すぐにごはんを入れ、おたまの底で鍋底に押し付けるようにしながら炒め合わせる。

6 鍋を煽りながらパラパラにほぐれるまで炒める。塩、こしょう、うま味調味料で味を付ける。

7 チャーシュー、長ねぎを加え、素早く炒め合わせる。鍋肌から酒としょうゆを回し入れ、水分を飛ばすように素早く煽り炒める。

8 全体がなじんだら器に盛る。

あせらず10分

弱火でOK!

家庭の焼き飯

4 フライパンに残りの油を熱してよく温まったら溶き卵を入れ、半熟になったら油をまぶしたごはんを入れる。

5 火加減は弱火。木べらでフライパンに押し付けるようにしながら加熱していく。

6 ごはんがパラパラになるまでゆっくり炒め、チャーシューと長ねぎを投入して炒め合わせる。

7 ごはんを端に寄せて中火にし、あいたところに酒としょうゆを入れる。半分くらい水分が飛んだら塩・こしょうを振り、ごはんとよくなじませる。

8 全体がなじんだら器に盛る。

チーズ

穴のあいたチーズは、
アニメ『トムとジェリー』には登場しますが、
日本人にはあまりなじみのない品です。
日本で売っているチーズを分類すると、
「ナチュラルチーズ」「プロセスチーズ」
「チーズフード」の3種類。
穴があいていたり、皮があったりするのが
「ナチュラルチーズ」。
丸いものをカットして、
かなりお高い値段で売られています。
四角や薄い板状に固めてあるのが
「プロセスチーズ」。
複数の「ナチュラルチーズ」を混ぜ、
加熱して発酵を止めたもの。
もうひとつ、「チーズフード」はナチュラルチーズや
いろいろな材料を混ぜたもので、外食のピザや
グラタン、惣菜などに使われています。
つまりチーズの穴は、ナチュラルチーズの証《あかし》。
乳酸菌が生きていて、
熟成とともに味も変わるので、
おいしさを逃さないようにしましょう。

チーズの皮は食べる？

基本的に、チーズの皮は残してよいものです。皮付きチーズというとカマンベールチーズが思い浮かびますが、あの白い皮も硬かったり熟成香が強すぎたりしたら残すのが普通です。チーズの種類によっては、ワックスで覆われていて絶対に食べてはいけない皮もあります。

しかし、皮といっしょに食べてこそおいしいものもあるので、一概に食べないと決められないのが難しいところ。おいしかったら食べる。まずかったら残す。それでよいのです。

エメンタールチーズ
スイスを代表するチーズ。淡白な味わいとナッツのような香りが特徴で、チーズフォンデュには欠かせません。穴あきのチーズといえばエメンタールを指すことが多い。
味が薄い
上手な切り分け方
円形のチーズは、外側と内側で熟成具合が違うことが多いので、放射状に切り分けるとおいしさが均等になります。
場所によって
味の差があるゾ!
中心部の方が濃い味だ

世界初の抗生物質「ペニシリン」も青カビから発見されたのだ!!
カビの部分はピリッと苦い

ブルーチーズ

青カビを混ぜ込んで熟成させるナチュラルチーズ。イタリアの「ゴルゴンゾーラ」、フランスの「ロックフォール」が代表的。香りのクセが強く、塩分が濃いので他のチーズとブレンドして使うことも多い。

模様のヒミツ

ブルーチーズは、青カビが描く大理石状の模様が特徴。チーズの中に混ぜ込まれた青カビのタネが空気を求めて広がっていくため、このような模様になるのです。

野菜室でそっと保存

食べかけを保存するときは、切り口が空気に触れないようぴっちりとラップをして、野菜室で保存するのがおすすめ。冷蔵庫よりも開閉されないので温度が安定して、劣化を防げます。

チーズの食べごろは見てもわからない

温度や保存環境で熟し具合が違います。「賞味期限」は記されていますが、その後もおいしくいただけることも多いので、自分自身で確かめるのが一番。

表面にカビがあるのは、「防カビ剤」を使っていない証拠。チーズ本来でないカビが発生してしまったら、その部分は切り取って中身だけを食べます。

チーズの穴が縮小してる!?

スイスチーズといえば、大きな穴がいくつもあいているのが特徴。ねずみの好物がチーズといわれているのは、この穴がねずみのかじった跡だと思われていたからです。

実際のところは、どうして穴があくのか原因不明でしたが、最近の研究で原料の牛乳に微量に含まれる干し草が原因であることが判明。同時に、近年製造工程のクリーン化が進み、混入する干し草の量が減少し、チーズの穴も小さくなってきていることがわかりました。

ちなみにねずみは、どちらかというとチーズが嫌いで、穀物やお菓子の方が好きなんですって!

ざるそば

そば屋が漂わせる香りは危険な罠《わな》。店の周りに広がるかつおだしと天ぷらの香りになんとも食欲をそそられます。江戸時代に始まった麺につゆをかけた「ぶっかけ」と区別するために、つゆに付けて食べるそばを「そば切り」と呼び、皿に盛ってつゆを付けるタイプを「もり」と呼びました。

そばの実は、皮が三角

上の実を脱穀した殻は、「そば殻枕」になるほど硬いのです。皮ごと粉に挽いたそば粉を用いると、黒っぽい「田舎そば」になります。

甘め、辛め、好みの味をさぐってみよ！

わさびはそば湯に取っておけ！

おろしたての「本わさび」が添えられているとうれしいもの。これは全部使わず、最後のそば湯まで残しておくと吉。あったかいそば湯にわさびを溶かし入れると、ツンとした香りがやわらいで甘みに変わり、ほっとする味わいに。

つゆを付けるのは「ちょこっと」が粋なの？

「つゆはちょっとしか付けないのが粋」といいますが、それは江戸の「藪《やぶ》系」だけの話。藪そばは日本そば三大系統店のひとつで、他に真っ白い麺の「更科《さらしな》系」、甘めのつゆが特徴の「砂場系」があります。藪そばのつゆはとても辛いのが特徴で、ちょっと付けるくらいがちょうど良いバランスだったのです。

今はだしの香りを立たせるために辛さを控えている店も多いので、一度つゆの味を確かめてから好みの量を付けて食べればよいでしょう。

つなぎの種類はいろいろ

そば粉のみで作る十割そば以外は、何らかのつなぎが使われています。小麦粉が一般的ですが、地域によっては長芋や卵、よもぎ、海藻などを用いることもあります。

小さく可憐《かれん》なそばの花。その姿とは裏腹に、堆《たい》肥《ひ》のようなにおいがある。

「もり」「ざる」意味あるの？

「もり」よりも、のりがのった「ざる」が高い。これは統一のルールではありません。他のそば屋との差をつけるために、ざる、もり、せいろ、などの呼び名とともに、品書きが複雑になったものです。

蒸し料理だったから「せいろ」

そばは、江戸時代には蒸していたので、蒸籠（せいろう）をそのまま器に使いました。江戸っ子は、ちょっと縮めて「せいろ」と呼んだとか。

大切な空間なのだ

江戸時代から、そばは出前されていたので、重なる器は重宝されました。

音を立てるほどうまくなる！

ズズッと音を立てて食べないと、そばはおいしくありません。落語家の上手な声帯模写を聞くだけでも、まるで鼻の奥にそばの香りがするようで、「あぁ、そば食べたいなァ」となるわけです。

音が出るのは、空気をいっしょに吸い込んでいるから。口の中で空気と混ざり合うと、そばと汁の香りが鼻に抜け、味わいが豊かになるのです。

ワインのソムリエやコーヒー豆のブレンダーが音を立てながらテイスティングをするのは、全く同じ理屈から。

とはいえ、やたら大きな音を立てるのはマナー違反。「ズズズーー!!」ではなく、ソムリエ気分で「ズズッ」と短くするのがスマートです。

そば打ち道 八つの壁

壱の壁

まず、材料のそば粉を石臼で挽く。
そば粉は生もの。
挽きたてほど香りよし。

弐の壁

粉をふるったら、
これに水を加えるぞ。

参の壁

水は、粉の量の45～50%、その日の湿気によって微妙な調整が必要だ！
この水一滴で硬さが変わるぞ！

四の壁

そば粉には、小麦粉のような粘り（グルテン）がない。
つなぎの成分なしで麺状にするのは至難の技だ。

伍の壁

これをひとつにまとめて、
練っていく。

六の壁

陶芸家が
土をこねるのと同じ
「菊練り」というのだ。

七の壁

ここから麺棒の登場！
丸く均一に伸ばす！
台からはみ出る
サイズにまでなるので、
折り畳みながら伸ばしていく。

八の壁

ここまでも、なかなか
難しい作業だが、均一な太さに
切ることが肝心。
太さがバラバラだと
ゆで上がった食感も
不揃いになって、
残念なそばになりますぞ。

こんなに
苦労するなら
おそば屋さんで
食べる方が
いいね。

ぬか床

ぬか床《どこ》は生きもの。
「作る」のではなく
「育てる」ものです。
目に見えない菌ですが、
お世話は難しくありません。
まずは毎日混ぜること。
無理なら冷蔵庫でのんびり育てる。
旅行や出張で家を空けるときは、
いったんお休みさせて帰ってから
復活させればＯＫ。
自家製ぬか漬けのおいしさを
知ってしまうと、少しの手間は、
むしろ愛おしく思えてくるものです。

ぬか漬けが江戸を救った!?

ぬかは玄米を白米に精白したときに出る残りカス。米粒の果皮や胚芽の部分がぬかになります。このカスの中にはたくさんの栄養が詰まっているのです。

よ〜くかき混ぜて悪い菌を退治！

目には見えないけれど、ぬか床ではいろんな種類の菌がせっせと活動中。人間の世界と同じように、菌たちの世界でも熾烈《しれつ》な勢力争いが繰り広げられています。

おいしいぬか漬けができるのは、「乳酸菌」が台頭するぬか床。その乳酸菌はもともと野菜の表面などに付着していて、漬けものにさわやかな酸味を付けてくれます。

逆に、イヤ〜なにおいを出す「産膜酵《さんまくこう》母《ぼ》」や「酪酸菌《らくさんきん》」が勢力を拡大してしまったぬか床では、おいしい漬けものができません。産膜酵母はシンナーやカビのような、酪酸菌は一日歩き回った後の靴下のようなにおい。コイツらはぬかをかき混ぜることで繁殖を抑えることができます。ぬかを毎日かき混ぜるのは、悪い菌からぬかを守るためにやることなのです。

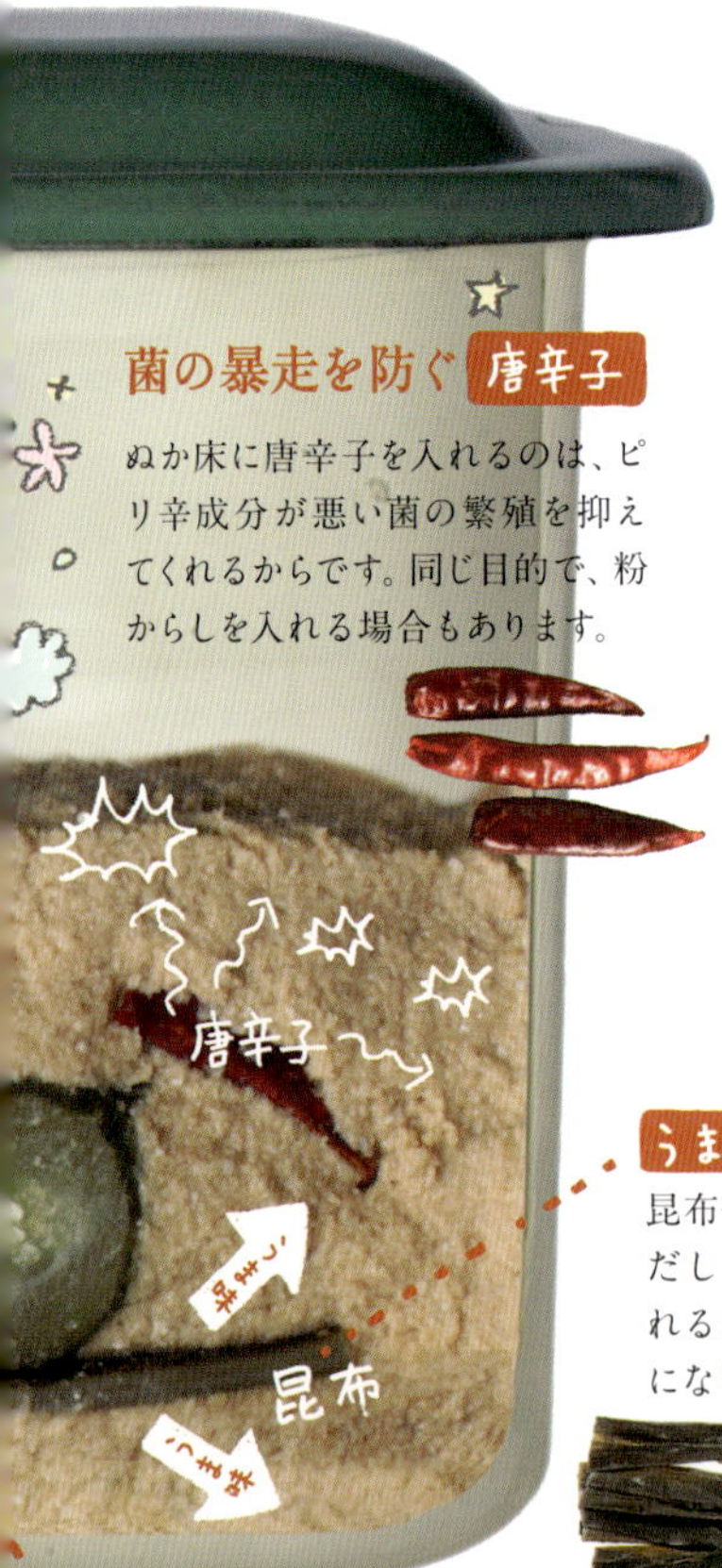

菌の暴走を防ぐ 唐辛子

ぬか床に唐辛子を入れるのは、ピリ辛成分が悪い菌の繁殖を抑えてくれるからです。同じ目的で、粉からしを入れる場合もあります。

うま味をプラス！

昆布やかつお節など、だしの出る食材を入れるとおいしさの土台になります。

きゅうりの古漬け

栄養のない野菜といわれますが、ぬか漬けにしたものはビタミンB群が増えて、ダイエット効果もあるのだとか。

江戸時代、見栄を張って玄米ではなく精製した白米を食べていた人たちが体調を壊しました。これが「江戸患い」。ぬかに含まれるビタミンB1が不足して、「脚気《かっけ》」になったのです。これは神経系に異常を来して、死に至ることもあるおそろしい病です。

ぬかを再利用するぬか漬けは、知らず知らずのうちに脚気から体を守ってくれる存在でした。ビタミンB1の働きがわかるのは江戸時代よりずっと後のこと。昔の人は、そこに大切な栄養が入っていることを感覚的にわかっていたのかもしれませんね。

なすをきれいに漬けるには?

なすを普通に漬けると茶色くなりますが、味が落ちるわけではありません。皮にミョウバンを擦り付けてから漬けると、きれいな紫色に。

産膜酵母
ぬか床の表面に繁殖する菌。酸素を好むため、かき混ぜられてぬか床の底の方へ移動すると繁殖がストップします。
コネコネして菌を育てるよ!
水分が出て、塩分やうま味がジワジワ入るのだ!
塩分、うま味
水分
なす
きゅうり 1日目
きゅうり 3日目
ぬかに移った紫色はポリフェノール!
3日すぎるともう古漬けだよ
混ぜることで菌の繁殖を防ぐぞ!

酪酸菌

ぬか床の内部に繁殖する菌。酸素を嫌うので、かき混ぜられてぬか床の表面に移動すると繁殖がストップします。

発酵が進む!
おいしく漬かる!

ぬか床のエサ

ぬか床に食材を埋めておくと、
香りが良くなったり、うま味が増したり、
発酵が進んだり……。
いいコトがたくさんあります。
好みの食材を入れて
自分好みにカスタマイズしていけば、
もっと愛着がわきそうです。

ちょっと
ピリ辛

粉からし
唐辛子と同様、雑菌の繁殖を防ぐ働きがある。

うま味
をパラリ

かつお節
昆布と同じで、ぬか床のうま味のもとになる。

さわやかな
香り

みかんの皮
柑橘系の香りがほんのり移って風味アップ。

吸水
してもらう!

大豆
ぬか床の水分が増えすぎたときに入れると、水を吸ってくれる。

うま味
たっぷり

煮干し
これもうま味のもと。腹わたと頭は取って使う。

香り
スッキリ!

山椒
さわやかな香りが移り、雑菌の繁殖も防ぐ。

菌が大好きな
栄養剤

食パン
少量入れると、乳酸菌の繁殖を助けてくれる。

ぬか床の菌類の種類は数知れず存在します。各家庭のぬか床にはさまざまな菌が元気に育っているわけです。そんな菌をいろいろ取り込むことで、ぬか床の風味は複雑になって、細やかな味わいが出てきます。

お友だちとぬか床菌を少しだけ交換して、おいしいぬか床の輪を作ってみましょう。

ぬか漬けの始め方

材料

いりぬか…500 g
水…500 g
塩…70 g
昆布…5㎝四方1枚
唐辛子…1本

作り方

1 鍋に水と塩を入れて一度沸騰させ、よく冷ます。
2 熱湯をかけて消毒したぬか漬け容器にぬかを入れ、1を少しずつ加えてよく混ぜる。
3 やわらかめのみそくらいの固さになったら、昆布と唐辛子、捨て漬け用の野菜を入れて表面を平らにならす。
＊捨て漬け用野菜は、大根やにんじんのヘタや皮などの本来捨ててしまう部分でよい。
4 始めの1週間は1日2回朝晩よく混ぜ、捨て漬け野菜を2～3日に1回交換しながら、発酵したような香りがしてきたら（10日～2週間）野菜を漬けられる。

ぬか漬けが、もっと身近になる話

ぬかそのものも食べることができます。食べるときは必ず煎ってから。食物繊維やビタミンをそのまま摂取できる健康食です。ただし、残留農薬などが含まれる場合があるので、食べすぎないようにしましょう。

肉や魚をぬか漬けにしてもおいしい。生肉や生魚を漬ける場合は必要量だけ肉にまぶし、1回使ったぬかは処分します。

ぬか漬けに含まれる植物性の乳酸菌は、ヨーグルトなどに含まれる動物性のものよりも強く、生きたまま腸に到達するといわれています。

ぬか床を長期間使わないときは、冷凍庫で休ませることができます。菌は活動を停止しますが、常温に戻すと再び活動し始めます。

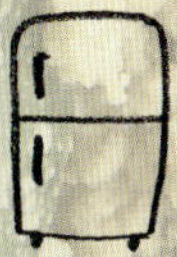

ざっくり
ふわふわ

断面だけは、本格パン屋さんのそれと遜《そん》色《しょく》ない美しさ。食感のサクサク感はイマイチで、合成バターの風味、しかしクロワッサン風の容姿は完全に備えています。

某コンビニ人気商品
見た目はクロワッサン
パン感強め
¥180
コンビニ代表
¥130

クロワッサン

パイのようだけどパイじゃない、
パンなのにパンらしくない。
サクサクの皮の中は、
幾重にもなる層が渦を作り、
繊細で美しい断面を見せてくれます。
その表情からは、
パン職人のこだわりが見えます。
切ってみたくなるパン№1！

形に隠された意味とは？

クロワッサンには、三日月型とひし型があります。フランスでは使っている油の種類によって形を区別していました。

バターを使用して作られたものはひし型。三日月型は、マーガリンを使用したもの。

かつては熟練した職人しか作ることが出来ない高級品でしたが、現在は機械の導入もあり気軽なものとなったため、ひし型が主流。

三日月

ひし型

食感は個性いろいろ！

サクサクだけがおいしさではありません。お店によっては、あえてパイらしさを弱め、ふわふわ食感にしていることも。たとえば、こちらのクロワッサンは、外側だけパイらしい食感で中はパンらしいふっくら感。バターの香りが優しく香る、甘めの味わいです。

繊細でサクサク

サクサク
サクふわ
バランス型
¥180
ふわふわ
バター
じゅわっと系
¥210
パイ感
強め
¥130
断面が半透明なのは、バター感たっぷりの証拠だぞ!!

AOP

AOPって？

こだわったクロワッサンには「AOPバター使用」と記されているものが。AOPとは、EUが定めた農作物・酪農品に関する基準。厳しい審査をくぐり抜けたものだけが付与される認証です。日本の場合、バターの輸入には高い関税が課せられるため、香り高い高級品です。

冷めると魅力半減！

冷めたクロワッサンをそのまま食べるのは、ヒジョーにもったいないこと！

クロワッサンは、バターの香りが命。バターは固形のまま食べるより溶かした方がおいしく感じます。クロワッサンの場合もバターが溶けるくらいの温度まで温めると、かんだ瞬間バターがジュワッとしみ出て口いっぱいに香りが広がります。クロワッサンは焦げやすいので、トースターを弱めの設定にするか、アルミホイルで包んで温めるのがベスト。

弱めで！

クロワッサンの仲間たち

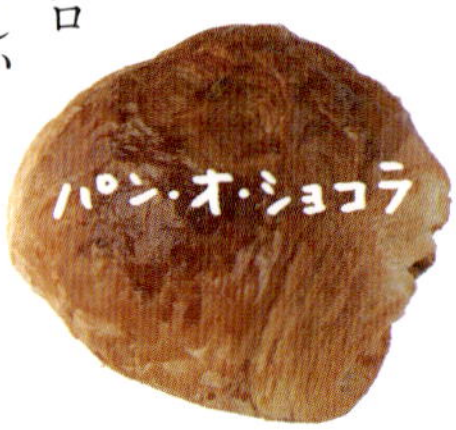

プレーンなクロワッサンもおいしいですが、アレンジパンも負けていません。**ソーセージ**が芯に巻かれたクロワッサンは定番のおかずパン。**パン・オ・ショコラ**は、クロワッサン生地にチョコレートを包んだものです。

フランスでは温めて売られることが多く、とろけたチョコレートとバターの香りがリッチな味わい。パンというより洋菓子のような感じです。

クロワッサンとは違いますが、よく似ているパンに**デニッシュ**があります。デニッシュとは「デンマークの」という意味。クロワッサンと同様、バターを何層にも織り込んだ生地ですが、クロワッサンよりも砂糖とバターの比率が高く、甘みが強いのが特徴です。パンらしくふわふわのもの、サクサクでパイに近いものなど、お店によって個性はさまざま。菓子パンやおかずパンのアレンジ商品も多く出回ります。

モーンシュネッケンは、デニッシュ生地で作られるドイツのパン。モーンとは芥子《けし》の実で、あんぱんにかかっているアレのこと。プチプチした食感と香ばしい風味が良いアクセントになっています。

ダークチェリーが織り込まれた**キルシュタッシェン**も、デニッシュ生地を使ったパンです。控えめなチェリーの甘みと酸味が、コクのあるデニッシュ生地によく合います。

層が多ければいいってわけじゃない！

クロワッサンの生地は、バターの層と小麦粉の層がいくつ重なるかで食感が変わります。お菓子の世界では「729層ものパイ生地」などと、層の多さがアピールになりますが、クロワッサンは層が多いほどおいしくなるわけではありません。層が多くなると食感は軽くなりますが、バターのジュワッと感・香りが薄らいでしまうのです。

たとえば、3つ折りを3回の「27層」のものと、4つ折りを2回の「16層」を比べると、27層はサクサク、16層はザクザクとした食感。あなたはどちらがお好みですか？

カレーライス

はるばる印度の国からやってきて、極東の島国で大変身してしまったカレーライス。今では母国の印度人からも一目おかれる日本式カレー&ごはんのコラボ。そんなカレーライスが日本人は大好きなのです!

カレーに福神漬けを添えるのはなぜ?

インドの薬味、チャツネにならったもの。はじめはピクルスを添えていましたが、酸味が日本人の口に合わず、甘口の福神漬けが主流になりました。

カレー粉だけで作ると黄色くなる! 純粋な「ウコン」の色だよ!
1回冷ますと細胞がこわれて味がしみこむ!
カレー
カレー
カレー

昭和のカレーは黄色かった!?

懐かしき黄色いカレー。近頃は市販のルウも本格的な茶色で、黄色いものはめっきり見なくなりました。

……あれ? 黄色いカレーをご存じない? 学校給食でも、食べていない? 平成生まれですか?

昭和といえばイエローカレー。最近流行のタイ料理ではありません。家庭のカレーがまさしく黄色だったのです。

現代のカレーが茶色いのは、ブラウンルーや、フォンドヴォー、炒め玉ねぎが入っているから。ブラウンルーやフォンドヴォー……家庭ではレシピもわからないし、現実的ではありません。

黄色いカレーを食べていたのは、ハウス食品さんのカレールウが普及する前のこと。ほとんどカレー粉だけで色をつけると、含まれるウコン(ターメリック)の成分によって鮮やかな黄色になるのです。

オジさんはスプーンを水につける!?

明治～昭和初期生まれの人だけが行う、不思議な儀式。なんとカレーを食べ始める前に、スプーンをお水の入ったグラスに突っ込んでから食べ始めるのです。しゃもじを濡らしてから使うのと同じで、ごはんがスプーンにくっつきにくくするためだそうですが、それだけではありません。

明治から昭和初期にかけては、カレーライスは高級品でした。当時、高級洋食には何かマナーがないと恰好《かっこう》がつかず、いつしか水に浸してから食べるのが習慣になったとか。年配の人がライスをフォークの背にのせて食べるのに似た、日本人独特のテーブルマナーなのです。

明治のカレーはカエル肉?

明治時代のレシピ本には、カレーの具材としてカエルの肉を使うように指南しているものがあります。きっとフランス料理では当たり前の食材だからでしょう。「食用ガエル」は、大正時代に国の指導によって日本各地で養殖されていましたが、食材として定着せず次第に廃れてしまいました。食べてみると、カエル肉は鶏肉と魚肉の中間のような淡白な味わい。とてもデリーシャスなのです!

カレーのシミ、もう怖くない!

カレーの黄色い色素は、ウコン（ターメリック）の色素成分「クルクミン」によるもの。クルクミンは紫外線に弱く、日光に当てておくと退色していきます。中性洗剤で油分を落としたら、天日干ししておけば自然に薄くなります。

2日目のカレーがおいしい理由

全ての具材に味がなじんでおいしく感じます。野菜が溶けたドロドロのルーがごはんにぴったり。

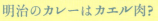

隠し味の仕組み隠さずご紹介！

カレーの鍋にウスターソースやインスタントコーヒー、ヨーグルト、りんごとはちみつも西城秀樹のオリジナルではありません。

これは、カレー粉だけで作る昔ながらのカレーライス時代の習慣。スパイスとコンソメだけでは、ちょっともの足りず、隠し味を入れることが常だったようです。

味を足していくときは、「五元味《ごげんみ》＋辛み」を知っておくと役立ちます。五元味とは、1甘み、2塩味、3酸味、4苦み、5うま味のこと。酸味が足りないと感じたらトマト、苦みで奥深さを出したいときはインスタントコーヒーなど、6つの味のバランスを考えながら味の複雑さを楽しみましょう！

昭和の黄色いカレー

材料（だいたい4人分）

カレー粉…15g
小麦粉…25g
マーガリン…25g
サラダ油…大さじ1
にんにく…2かけ
しょうが…1かけ
豚こま肉…250g
玉ねぎ…3個
じゃがいも…3個
にんじん…2本
牛乳…50cc
砂糖…小さじ2
塩…小さじ1と1/2
こしょう…少々
しょうゆ…小さじ1
水…適量

作り方

1 にんにくとしょうがはみじん切りにする。豚こま肉、玉ねぎ、じゃがいも、にんじんは好きな大きさに切る。にんじんとじゃがいもは大きいほど火の通りが遅くなることを考えて大きさを決める。
2 フライパンにマーガリンと小麦粉を入れて、焦がさないように炒める。ぽろぽろになってきたらカレー粉を入れ、サラサラになるまで炒めたら火からおろしておく。これがカレールウです。
3 鍋ににんにく、しょうが、サラダ油を入れてから弱火にかけ、香りが立ってきたら豚こま肉を入れて炒める。
4 豚こま肉に半分くらい火が通ったらにんじん、玉ねぎ、じゃがいもを入れてよく炒める。
5 玉ねぎが透明になったら、具材の頭がちょっぴり出るくらいまで水を入れて、野菜がやわらかくなるまで煮る。
6 2で作ったルウに5の煮汁を少しずつ混ぜてペースト状にする。
7 5の鍋の火を止めて6を入れてよく混ぜ、溶けたら火をつけてとろみがつくまで煮る。最後に、牛乳、砂糖、塩、こしょう、しょうゆを入れて出来上がり。

カレー色の正体

ウコン（ターメリック）

黄色い色素のもとになる。
ピリッとした苦み。

コリアンダー

柑橘系の甘くスパイシーな香り。

ローリエ

清々しい苦みとさわやかな香り。

カレーのスパイス

カレーに使われるスパイスの一部です。
配合や分量は百人百様。使うときはパウダー状にしますが、もとの姿はいろいろな植物の葉や根、実などを乾燥させたものです。

フェヌグリーク

セロリに似た強い香りと苦み。

クミン

ほろ苦くエキゾチックな香り。

カレーには欠かせない香り！

黒こしょう

木を思わせる香りとピリッとした辛み。

白こしょう

黒こしょうよりもシャープな刺激。

シナモン

ほのかな甘みと、木のようなマットな香り。

カルダモン

ユーカリや柑橘のようなさわやかな香り。

ナツメグ

キレのある強く豊かな芳香と甘み。

アジョワン

タイムのような辛みと苦み。

フェンネル

おだやかな甘みとさわやかな風味。

オールスパイス

シナモン、クローブ、ナツメグを混ぜたような香り。

ジンジャー

ピリッとした辛みとウッディで豊かな香り。

唐辛子

強い辛みだけでなく、甘みや複雑な香り。

この量で辛さが決まる！

スターアニス

フェンネルやアニスに似た香りと、独特の甘み。

メース

ナツメグの外皮で、ほろ苦さとおだやかな甘い香り。

クローブ

渋みとシャープな苦み、辛み。

だし巻き卵と卵焼き

卵大好きな日本人。
年間一人あたりの消費量は330個で、
ほぼ一日一個食べている計算になります。
卵焼きも、国民的に愛されるお弁当のド定番。
甘くてふわふわの卵焼きは、子どもが大好きです。
同じ卵焼きでも、
たっぷりのだしがしみ出るだし巻き卵は大人味。
卵焼きなのに、
この2つにはどんな違いが見えるのでしょ。

大根おろしで完璧！

卵は非常に栄養価の高い食材ですが、ビタミンCは含まれていません。ビタミンCを含む大根おろしを添えると栄養バランスがパーフェクトに。

上手なたこさんウインナーのコツ

端から3分の1くらいまで切り込みを入れると、バランスの良いたこさんに。欲張って足を長くしすぎると、たこというより火星人みたいになってしまいます。

この焦げがおいしさの理由
甘〜い卵焼き
フワフワッ
中はこのくらいムラがあるとGOOD

さわるとぷるぷる!
極上の
なめらかさ
ジュワーと
しみ出る感じ

しっとり。

大人のだし巻き卵

そば屋のだし巻きがおいしい理由

おそば屋さんの品書きには、必ず板山葵《いたわさ》の横に「だし巻き」が並んでいます。そばの上がりを待ちながら、だし巻きで猪口《ちょこ》を傾けるのがそば屋の流儀。箸で持つとぷるぷるで、口の中でジュワッとだしがあふれる味わいはまさに職人技。素人にはなかなか真似できません。

そば屋の力量は、そばには当然ながらつゆのだしにも現れます。だし巻きはその名の通り、たっぷりだし汁を使う料理。おいしいそば屋は、だし巻き卵もおいしいというわけなのです。

お弁当の記憶

小学生のお弁当には、甘くておいしい、ちょっと焦げ目のついた卵焼き。赤いウインナーはたこ型におめかしして、ウキウキしたものです。

その卵焼きは、砂糖で甘くするだけじゃありません。

表面にあるおいしそうな焦げ目。これは砂糖を180℃くらいで加熱すると茶色くなる「メイラード反応」という化学変化。これが香ばしい風味を生み出すのです。

卵焼きがふわふわになるのも、砂糖のおかげ。砂糖にはたんぱく質の水分をキープする働きがあるので、ふっくらとした食感になります。

卵の都市伝説

茶色い殻の方が栄養価が高い?

卵の殻の色は、ニワトリの品種によって変わります。茶色い方が、栄養価が高いイメージですが、殻の色と栄養価は直接関係ありません。また、茶色い羽の品種は茶、白い羽の品種は白の卵を生む品種が多いものの、例外があるため羽の色で判断できるわけでもなさそうです。

有精卵だから栄養たっぷり?

有精卵は、温めればひよこが生まれるかもしれない卵のこと。それだけの生命力があるから栄養たっぷり! とのイメージがありますが、栄養価は無精卵と変わりません。

黄身の色が濃い方がおいしい?

濃いオレンジ色の方がおいしそうに見えますが、薄い黄色だから味も薄いわけではありません。卵黄の色はエサの色素によって変わるからです。多くの養鶏場では、卵をおいしそうに見せるため、赤い色素の飼料を混ぜているのです。

「卵は一日一個」はうそ?

「コレステロールが多いから、卵は一日一個まで」。これは卵がまだ高級品だった時代、賢い主婦が考えた都市伝説だったのです! 卵にはレシチンやオレイン酸が含まれており、むしろ悪玉コレステロールを減らす働きがあります。さらに、必須アミノ酸が全て含まれ、「完全栄養食品」ともいわれます。

一日に、2個3個と食べても気にすることはないようです。ただし、食事全体が偏ってはいけません!

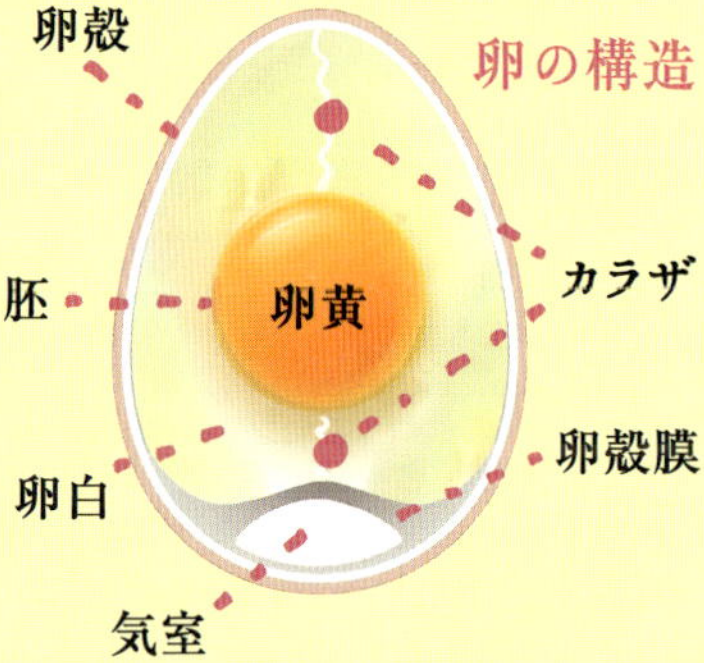

甘〜い卵焼き

材料（作りやすい分量）
卵…3個
A 砂糖…大さじ3
　しょうゆ…小さじ1
サラダ油…適量

作り方
1 ボウルに卵をほぐし、Aを加えて混ぜる。
2 フライパンにサラダ油をなじませて中火で熱し、おたま1杯分の卵液を加えて全体に広げる。
3 半熟になったら向こう側から手前に向かってくるくると巻く。
4 巻いた卵を向こう側に寄せてあいたところにサラダ油を塗り、適量の卵液を流し入れて広げる。卵焼きの下にも行き渡らせる。
5 これを卵液がなくなるまで繰り返す。

大人のだし巻き卵

材料
（作りやすい分量）
卵…3個
だし汁…90cc
塩…小さじ1/4
サラダ油…適量

作り方
1 ボウルに卵を割り入れてなめらかにほぐし、塩とだし汁を加えて混ぜ合わせる。
2 卵焼き器を中弱火で熱してサラダ油を塗り、おたま1杯分の卵液を加えて全体に広げる。
3 半熟になったら向こう側から手前に向かってくるくると巻く。
4 巻いた卵を向こう側に寄せてあいたところにサラダ油を塗り、適量の卵液を流し入れて広げる。卵焼きの下にも行き渡らせる。
5 これを卵液がなくなるまで繰り返す。

おでん

湯気の中にくつくつと揺れる具材。
日本人だから感じることのできる
「うま味」のハーモニー……
なんとも幸せな光景です。
寒い日のおでんは、
心も体も芯から温めてくれます。

牛すじ

もとは関西ローカルのタネ。関東ですじとは、魚のすじを指していました。全国的に認知されるようになったのは、コンビニおでんがきっかけともいえます。

こんにゃく

大根と同様、だしのおいしさを味わえる具材。北海道では白こんにゃく、東北では玉こんにゃくと、地域色はさまざま。大手コンビニチェーンでも、地域によって6種類ものこんにゃくを売り分けています。

煮れば煮るほど
やわらか〜い
練りもののだしは最強!!
ぷるっトロ〜
ジュワ〜
人気No1!!!
大根は下ゆでするか冷凍すると、細胞がこわれて味がしみやすくなるのだ。
関東人しか食べなかったちくわぶ

大根

おでんのタネ不動の1位を守り続ける大根。だしをたっぷり含んでいて、食べものというより飲みものに近いかも!?

具材が力を合わせておいしくなる！

お鍋の中から、どれを選ぼうかな～と悩む時間もおでんの楽しみ。大根、はんぺん、卵、巾着……選びきれないほどたくさんのタネが埋まっていますが、「おでん」の語源は「豆腐田楽」の田楽。豆腐にみそを塗って焼いたものです。この単純な料理が、いつしかボーダレスなうま味の競演になっていきました。

いろんな具材を入れることで、だしの味わいもより複雑になり風味を増します。練りものや牛すじ、たこなど、それぞれの具材から出ただしがマイルドに混ざり合い、奥行きのある味わいになるのです。そして、大根や卵にもしみていくのです。

練りもの

練りものは、うま味たっぷりだしのもと。でも、長く煮すぎると味が全部流れ出てしまうので、15～20分くらい温めればOKです。

こんにゃくは低カロリー。
水分と食物繊維でできてるので、
お腹の調子を整えてくれる。
よくかめ！

人気No2!!!
黄身は汁に溶かしてもうまいよな～

はんぺん

はんぺんは、食べる直前に入れて温めるだけでOK。煮るとふわふわの気泡がつぶれて、ぺったり・しょんぼりしてしまいます。

卵

普段は半熟派でも、だしがしみしみのおでん卵なら許せちゃう。

だし

関東と関西で、だしの濃さが違うのは有名な話。関東風は濃厚なかつおだしに濃口しょうゆで味付けするのが特徴。関西風は昆布だしに薄口しょうゆで味をつけた上品な味わいです。

ちくわぶ

東京ローカルのおでんのタネ。小麦粉を練ってゆでた麩《ふ》です。おでんだしをたっぷり吸って、ボリューム満点。

これ知ってた!?

変わりダネ地方おでん

おでんほど地域色の強い料理は他にはないかもしれません。西日本と東日本のタイプ以外に、静岡おでんや名古屋のみそおでんなど、地域独特のおでんも存在します。

いまやコンビニおでんも定番ですが、あるコンビニチェーンでは全国10以上の細かいエリアに分け、具材やだしを変えて販売しているようです。

故郷の異なる人とのおでんトークは楽しいもの。当たり前に食べていたおでんのタネが、ケンミン食だったという発見があるかもしれませんね。

餃子《ぎょうざ》巻き

焼き餃子、水餃子、揚げ餃子、餃子まん……餃子にもいろいろあるが、餃子を練りもので巻いてしまうとは大胆。福岡や大分では定番のおでんダネで、コンビニでも売られているそう。

すじ

いまやすじというと「牛すじ」のことだが、かつて関東のおでんですじといえば「すじかまぼこ」のことだった。魚のすり身にサメの皮や軟骨を混ぜ込んだもので、独特の歯応えと風味がある。

スパム

沖縄では定番の食材で、ポークと呼ばれる。おにぎりや炒めもの、みそ汁に入れるのは知っていても、おでんにも使うことは認知されていないのでは。塩味が強く、豚のうま味がよく出ておいしい。

すまき

高知では定番の練りもので、見た目はすあまにそっくり。おでんだけでなく、うどんやみそ汁の具など、どんな料理にも使われ、そのまま刺身にして食べることもあるそう。

赤巻き

北陸では一般的なおでんダネ。鮮やかな赤い色が、茶色くなりがちなおでんを華やかに彩る。皮状にしたかまぼこにすり身を巻き、蒸して作られる。

黒はんぺん

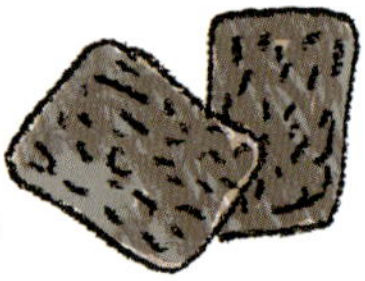

静岡といえば、真っ黒の煮汁が特徴の静岡おでんが有名だが、タネで代表的なのは、これまた真っ黒の黒はんぺん。ふわふわとやわらかい白はんぺんとは違い、さつま揚げのような引き締まった食感。

馬すじ

馬肉の有名な熊本を中心に食べられる具材。牛すじに比べると脂がさっぱりとしていて食べやすい。

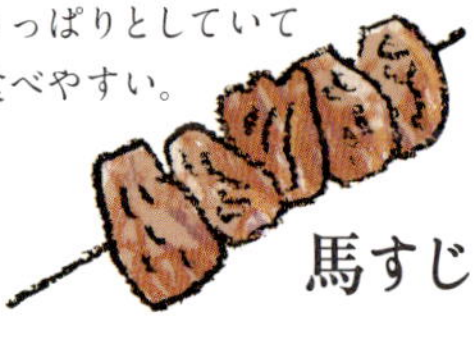

コロ

関西を中心に食べられるおでんダネ。くじらの皮付近の脂肪層のことで、こってりとした味わい。脂身はほど良く抜いてあり、豊富なコラーゲンと繊維質が複雑に交じった独特の食感がある。

赤こんにゃく

滋賀のローカル食材で、こんにゃくといわれないとわからないほど鮮やかな赤。味は意外と普通で、通常のこんにゃくと同じように食べられる。派手好きの織田信長が赤を好んだのがルーツだとか。

かに

かにの有名な北陸では、おでんにもかにが入るというから羨ましい。中でも、香箱がにという小さなかにの甲羅に身をぎっしり詰めたものを「かに面《めん》」といい、格別にぜい沢な味わい。

沖縄おでん

冬の平均気温が15℃を下回らない沖縄でも、おでんは定番の料理。

昆布だしがベースで、必ずてびち（豚足）が入っているのが特徴です。沖縄では、おでんが冬の料理という認識は薄く、一年を通してよく食べられるそうです。

関東おでん

もともとみそ田楽だった「おでん」。それがいろんな具材をだし汁で煮る料理へと変化したのは江戸でのこと。関西ではおでんのことを「関東煮（かんとだき）」ともいいます。

関西おでん

牛すじは、関西ではおなじみの具材。土手煮やすじ煮にして、家庭でもよく使われる食材です。下処理にやや手間はかかりますが、赤身の肉とはまた違ったうま味があり、煮込むほどにとろける味わいは何物にも代えがたいおいしさです。

静岡おでん

真っ黒なだしが特徴の静岡おでん。昔ながらの店はセルフサービスで好きなタネを食べ、残った串の数で会計をするそうです。好みでだし粉、青のり、みそだれをつけるのも特徴。

わっぱ弁当箱

曲げわっぱとは、奈良時代からある
伝統的な生活工芸。
蒸れすぎることもなく
乾きすぎることもない
魔法のお弁当箱なのです。
昔のお米は、
白米ではなく玄米でした。
冷えた玄米でも杉の保湿力は、
おいしさを保つことが
できたのでしょう。

びろーんとならないのりのヒミツ

湿気たのりを箸で切るのって、結構難しいものです。のり弁を食べようとして、ひと箸目でのりがびろーんと全部はがれ、ただの白ごはんになっちゃうことも。ちょっと恥ずかしいような、残念な

過剰な水分を逃がしてくれる!
乾燥したら潤してくれる

あこがれのわっぱ弁当箱

曲げわっぱは、伝統工芸の高級品。これに詰めると鮭弁当も途端においしそうに見えるから不思議です。

それは見た目の雰囲気だけではありません。わっぱ弁当箱は杉や檜《ひのき》の白木《しらき》を曲げ、釘など使わず作られていて、おひつや茶筒もこの技法で作られました。

木には湿度を調整する作用があるので、あったかいごはんを入れてもべちゃべちゃになったり、乾きすぎたりしないという長所があります。軽いので、持ち運びにはうってつけ。天然の抗菌成分による防腐効果も期待できます。

大切に使えば一生使える優れもの。古《いにしえ》の弁当を味わうことができるんです。

気もちになりますね。

そういえばコンビニののり弁は、湿気ているのにさっくり切れます。コンビニ弁当ののりがびろーんとならないのは、小さな穴がたくさんあいているから。同様に、コンビニおにぎりののりがかみ切りやすいのも、穴があいているからです。

見えない穴がいっぱい!

完全手作りの曲げわっぱ弁当箱は1つ1万円以上するものもある高級品。のり弁では申し訳ない気もしますが、100年以上使える工芸品です。

鮭は皮がウマいんだよな〜!
ここは桜の皮をベルトにしているのだ

うま味たっぷり 鮭の皮

鮭の皮、おいしいですよね。残す人もいますがもったいない! コラーゲンたっぷりで美容にも良いのです。グルメで知られる水戸光圀は鮭の皮が大好物で、「皮の厚さが一寸（約3センチ）ある鮭を持ってきたら、三十五石と取り替える」といったそうです。

わっぱ弁当箱の使い方&長持ちのコツ

1 ごはんは温かいまま詰めてOK
2 5分程度ぬるま湯につけて汚れを浮かせてから洗う
3 基本はスポンジのみで水洗い。汚れが気になったら中性洗剤で洗ってOK
4 洗った後はしっかりと乾燥させる
5 食洗機はNG
6 重たいものを重ねない
7 しまい込まず、頻繁に使う

自分にぴったりのお箸の選び方

1
0.5

手に合うお箸のサイズは「一咫半《ひとあたはん》」といわれます。一咫とは親指と人差し指を直角に広げてその先端と先端を結んだ長さ。これを1.5倍にした長さのお箸が持ちやすく、見た目のバランスもグッド。

わっぱ弁当箱の作り方

杉や檜のさわやかな香りは、「フィトンチッド」。
植物が自らに有害な虫や細菌から
身を守るために出す精気。
まな板やおひつなどの器にすると、
殺菌効果や防腐効果で、
食べものの鮮度を保つことに役立ちます。

1 杉や檜の年輪の間が詰まった部分を板にします。100年、200年の年輪が詰まった木が良い。

2 板の寸法を決めて、左右を斜めにして薄く削ります。

3 ひと晩水につけてから、80℃ほどのお湯でやわらかくします。

4 型に巻いて、丸みをつけます。

5 両端を接着し、樺（桜皮）で綴じます。

6 底を入れ、組み上げます。

7 漆や柿渋で仕上げたものもあります。

ジューシー脂がおいしい

唐揚げ

揚げたての唐揚げには、ダイエット中でも
抵抗できない魅力があります。
それはお財布に優しい鶏肉を
極上の味に変身させる家庭料理マジックに
ヒミツがあるかもしれませんよ。
タルタルや甘酢が加わると、
もう誰も逆らえないおいしさです。

唐揚げは日本の洋食

昭和初期、銀座の「食堂三笠」で生まれた料理とされています。その後に、さまざまなレシピに進化しましたが、近年のチキン南蛮ブームは、お弁当の「ほっかほっか亭」が火付け役だとか。

むね肉の繊維が
しっかり見えるぞ!
むね肉
もも肉は
しっとり見える?
もも肉

もも肉とむね肉はどう違う?

もも肉は脂が多く、肉質がやわらかいので日本人好みです。対してむね肉は、さっぱり淡白。ニワトリは胸がマッチョなので、むね肉は繊維質。水分が抜けてパサつきやすいのが玉にキズですが、本来持っているうま味が薄いわけではありません。

竜田揚げの由来はロマンチック♡

竜田揚げは、唐揚げの種類のひとつ。普通、唐揚げの衣には小麦粉や片栗粉を使いますが、片栗粉だけで衣を付けたものを竜田揚げと呼ぶのです。片栗粉だけの衣は、火を通すと

鶏肉は豚や牛より素直なのです

唐揚げのおいしさは、やわらかさとジューシーさ、そしてしょうゆやにんにくの味付けが決め手です。

鶏肉（若鶏）は水分量が多く、豚肉や牛肉に比べると脂やうま味は少ないのが特徴。これがまさに、唐揚げの食材としてぴったりの理由。水分が多いので揚げてもやわらかく、淡白な味はどんな味付けでも邪魔になりません。唐揚げは、もの足りない味を補い、ふっくらした食感を活かす、最強の家庭料理なのです。

コンビニ唐揚げ?・B
これは鶏のナゲットだね
コンビニ唐揚げA
竜田揚げ
コンビニでも鶏肉がしっかり！
衣がカリカリに見えるぞ！

白っぽい独特のテクスチャーになります。

「竜田」とは、奈良を流れる竜田川のこと。お肉のしょうゆ色と白い衣のコントラストを、白波を立てる川に紅葉した落ち葉が流れる様子に見立てたのが由来だそうです。

唐揚げもどきもありますよ！

コンビニでも唐揚げは人気商品。しかし、唐揚げとして売っていても、実際は全然唐揚げじゃないものもあるんです！ 上の写真の「コンビニ唐揚げB」がまさにそれ。使っている肉はミンチで、唐揚げというよりナゲットのよう。

一番左もコンビニ唐揚げですが、これにはれっきとした鶏肉が使われています。

同じコンビニ唐揚げといえど千差万別。形が均一なものは、唐揚げ風ナゲットかもしれないので要注意！

唐揚げの隠し味

しょうゆ味の唐揚げは、
隠し味でガラッと味わいが変わります。
にんにく・しょうがは定番ですが、
他にもいろんなものを試して、
オリジナルの調合を開発してみては!?
でもあくまで隠し味ですから
ほどほどに……。

カレー粉

隠れてみたよ

カレー味にならない程度、ほんのり香らせるのが上手な使い方。

りんご

チラッ

フルーツのさわやかな甘みが味に深みを与える。入れすぎると甘ったるくなるので注意。

にんにく

ちょこっと入れるだけで、うま味が断然アップ。食べたあとのにおいを気にしないなら少し多めに入れても。

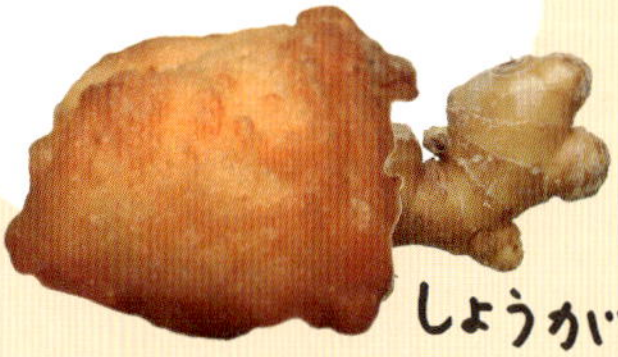

しょうが

見つかっちゃった?

肉のクセをちょうどよくカバーしてくれる。肉をやわらかくする効果もある。

マヨネーズ

バレてる?

下味に混ぜ、肉によくもみ込んでおく。揚げると酸味は消えて、卵のコクが残る。

ナンプラー

そのままだと独特のにおいがあるので、使うのに勇気がいるが、加熱するとにおいは消えて強いうま味が残る。塩分が多いため、ほんの少量だけ使うのがポイント。

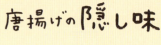

唐揚げ

材料（2人分）

鶏もも肉…300g

A
- しょうゆ…大さじ2
- 酒…大さじ2
- しょうが汁…小さじ2
- 塩…ひとつまみ
- こしょう…少々

小麦粉・片栗粉…各大さじ3

揚げ油…適量

1 鶏肉はひと口大に切る。ポリ袋に肉とAを入れてよくもみ、20分ほどなじませたらしっかりと汁けを切る。

2 別のポリ袋に小麦粉と片栗粉を合わせ、1を入れて全体に粉をまぶす。

3 170℃の揚げ油で3～4分揚げたらいったん取り出す。5分ほど予熱で火を通している間に油の温度を190℃に上げ、再び肉を戻して30秒ほど揚げる。

ハンバーグ

平成のハンバーグは、昭和のものとは
比べものにならないクオリティーの高さ。
だって昭和の子どもにとってハンバーグは、
袋入りでお湯で温めるレトルト系か
冷凍のミニハンバーグだったんです。
しかし！いまや、どこのお店も
ふっくらジューシーで
ハイレベルです。
牛肉が上質になったとか、
革命的な調味料が
開発されたわけでは
ありません。
食感を悪くする
余分なつなぎを控え、
肉汁のもとになる、
水分や脂を逃がさない
レシピになったからです。
ナイフで割った瞬間に
あふれる肉汁、
一体どこに
隠れているのでしょ？

肉汁はハンバーグの命！

断面からジュワ～ッとあふれる肉汁。肉汁が全然ないものは、ハンバーグなんて呼べませんよね。そもそもあの肉汁の正体はなんでしょう？

それは、肉に含まれるうま味の詰まった水分や脂のこと。水分は、加熱しすぎるとどんどん逃げてしまうので、いかに水分を逃がさずに調理するかが、ジューシーなハンバーグのキモです。

しかし、それを逃さなければ良いわけでもありません。それなら、加熱しない生肉が一番肉汁が多いハズ。ところが、生肉を搾っても、水分は出ませんよね？　肉汁は、加熱することで細胞からしみ出し、初めて感じられるのです。

しっかりと肉汁を引き出して、閉じ込める！　これぞハンバーグの心得です。

高級店は鉄板を使わない!?

アツアツの鉄板にのって、ジュージューと音を立てて運ばれてくるハンバーグには、実に心が躍ります。でも、焼き具合にこだわる高級店は、鉄板を使いません。鉄板によって加熱が進みすぎて、繊細な焼き加減が失われてしまうからです。

牛100%ではダメなのだ

牛肉の方が高級だから、合いびき肉よりも牛100%の方がおいしくなるのでしょうか?「否!」。牛肉のみだとギュッと硬い食感に。豚肉のやわらかな肉質や、甘い脂の香りもハンバーグにとって大切な要素なのです。

肉汁は作れる!

生肉には水を吸う性質があるので、肉汁は足すこともできます。こねる段階で水や牛乳を混ぜると肉が水分を含み、肉汁あふれるジューシーなハンバーグに。

温まりすぎて
肉が硬くなっちゃう!
肉汁と融合した
チーズが最高!
熱
肉汁
チーズ

チーズイン

某ファミレスの「チーズインハンバーグ」は100万食突破の人気メニュー。しかし、そのチーズはチーズ風調味料(チーズフード)で、濃厚な味とうま味が肉の味をフォローする仕組みです。本物のチーズなら3倍はおいしくなることでしょう。

ファミレスの人気商品には肉汁がセットされている?

人気のチーズインハンバーグだけではなく、ハンバーグの中心に肉汁がセットされ、ジュワ〜とあふれる仕掛けのメニューもあります。冷凍ハンバーグにも、中心に凍った肉汁が仕込まれているものが。

ハンバーグは下克上料理!

ハンバーグはもともと、あまった肉の切れ端を寄せ集めた庶民の料理。ひき肉は、かたまり肉よりも安く買えるので、今でも広く愛される洋食です。

ひき肉は、混ぜ込む具材や調味料、調理法でいろんな工夫を凝らせる素材。その特性を活かしてさまざまな工夫を重ね、ハンバーグはいまやひとつの料理として、立派な地位を築いています。

ハンバーグの一番の特徴は、うま味。食材のうま味成分であるアミノ酸は、別の素材のうま味成分と合わさることで、倍以上に変化する特徴があります。

ハンバーグの場合は「肉×玉ねぎ」。みじん切り玉ねぎを混ぜ込むことで、肉そのままよりも格段にうま味がアップしているのです。

何を入れる？

びっくりハンバーグ

ハンバーグっておにぎりみたい。
形と大きさは自由自在。
中に好きな具を仕込めるところも似ています。
フォークを入れて何が出てくるかはお楽しみ。
こんなの出てきたらうれしい……かも!?

ゆで卵

これをスコッチエッグともいいます。

ブロッコリー

もじゃもじゃの部分が肉汁を吸っておいしい。

女子ウケNo.1
……かも!?

森のバターでクリーミーな食感に。

アボカド

間違いない
組み合わせ

カレー

残ったカレーを凍らせて、ハンバーグにIN!

劇的
カロリーダウン！

こんにゃく

ダイエットに！ こんにゃくは100gでもたったの7kcal！

ありそうで
なかった!?

ごはん

どうせいっしょに食べるんだったら……IN!

材料（2人分）
合いびき肉…400g　塩…小さじ1　玉ねぎ…1/2個　牛乳…小さじ2　サラダ油…大さじ2と1/2

肉汁ハンバーグ

玉ねぎはみじん切りにし、サラダ油大さじ1を熱したフライパンであめ色になるまでじっくりと炒めて冷ましておく。

ひき肉は、牛：豚＝7：3が黄金比。

牛：豚
7：3

使う直前までチルド室でしっかり冷やしておきます。

チルド

ボウルに牛・豚ひき肉を合わせて塩を加え、氷水に当てながらすりこぎでよくこねる。

冷え冷えを保つ!

糸を引くような粘りが出たら、玉ねぎ、牛乳を加えて混ぜ合わせ、2等分してそれぞれ小判型に成形する。

真ん中をへこます必要はなし!

フライパンにサラダ油大さじ1と1／2を弱火で熱し、肉ダネを入れて焼き始める。

焼き色が付き、半分くらいまで火が通ったら裏返し、フタをしてさらに焼く。反対側にも焼き色が付き、上から軽く押して透明な肉汁が出たら火を止める。

ずーっと弱火!

メンチカツ

メンチカツはお店で買ってお家で食べる惣菜？
いや、小腹が空いてお肉屋さんで揚げたてを買って、
歩きながらほお張るもの？
平成のメンチカツは、
持って帰って食べたいお惣菜的な
「おかず系メンチ」と、お肉屋さんや
コンビニにある「おやつ系メンチ」の
双璧となっているのです。
おかず系メンチは、ソースで
味が調節できる薄い味付け。
おやつ系メンチは、わざわざ
ソースをつけなくてもよい、
スナック的な濃い味。
お肉屋さんのカサカサ鳴る紙袋は、
揚げたてを食べ歩きでどうぞ、
というささやきです。

豚ひき肉と玉ねぎにシンプルな味付け、とんカツの味を求めて作られているスタイル。キャベツにソースでごはんが進む一品です。

おかず系メンチ
たっぷりソースをかけておいしい
豚肉100%
白っぽい色で
しっとり優しい味だよ〜

おかず系メンチのヒミツ

おかず系メンチの代表は、とんカツ屋のメンチカツです。一般的なメンチカツは合いびき肉で作りますが、とんカツ屋のメンチの多くは豚肉100％。
豚肉メンチは、甘く優しい味わいで、食べ歩きメンチのガツンとした味とは対照的。どろりと濃厚なとんカツソースがよく合って、ごはんのおかずにぴったり。

関西では「ミンチ肉」ですが

メンチカツ、ミンチカツ。いまや名称はメンチが主流のようですが、関西ではひき肉はミンチ肉。ヤンキーがにらみつけるのは「メンチを切る」といいます。

業務用衣のヒミツ

業務用のフライの中には、揚げる前からオレンジの色がついているものも。時間をかけなくても均一で美しいきつね色の揚げ上がりになるのです。

プロはバッター液

家庭では「小麦粉→卵→パン粉」と付けますが、プロは小麦粉と卵（乳製品）を合わせて使い、衣付けを簡単にしています（これを「バッター液」といいます）。これだと、厚い衣も自由自在なのです。

食べ歩きにぴったり！

行列の絶えないメンチカツ

吉祥寺にある老舗では、和牛メンチに長蛇の列が絶えません。割ると硬めの衣から肉汁があふれます。中身の3割は脂で、この和牛脂の風味が魅力なのでしょう。

おやつ系メンチ

材料はひき肉（いろいろ混ざってる）と玉ねぎが基本ですが、ソースやうま味調味料も入っていて、それだけでおいしく食べられる味付けになっています。

紙の袋がほど良く蒸気を逃がしてサクサクキープ

ソース要らずの濃い味！

肉屋の揚げものはなぜサクサクか？

肉屋の揚げものは、冷めてもサクサクですが、自宅で揚げると冷めたらしんなり。しかし、「料理の腕がまだまだ……」としょんぼりする必要はありません。なぜなら肉屋と家庭では、使う油脂が違うからです。

肉屋が使うのはラード。豚の脂身です。ラードは常温でも固体の脂なので、冷めてもサクサク感が保たれるのです。豚の脂独特の甘い香りも、揚げものをおいしくしてくれます。

メンチカツの名脇役！
玉ねぎ大解剖

メンチカツを、ハンバーグに衣を付けて揚げた料理だと思っているなら大きな間違い！ メンチカツの中身とハンバーグには大きな違いがある。それは「玉ねぎ」です。

メンチカツには、たっぷりの玉ねぎが入っていないといけません。半分が玉ねぎでもいいくらい。玉ねぎがメンチカツに欠かせないのには、2つのわけがあります。

まず、「うま味」。肉のうま味はそのままよりも、玉ねぎと合わさることで何倍にも増します。さらに、炒めた玉ねぎの糖度はいちごと同じくらい。この甘みも、おいしさアップにつながります。

2つめは「臭み消し」。ひき肉には、ある程度臭みがあるもの。玉ねぎに含まれる「硫化アリル」には、肉の臭みを消す効果が。衣で包んで揚げるメンチカツは、ハンバーグよりも臭みが逃げにくいので、たくさん玉ねぎを投入することでカバーできるです。

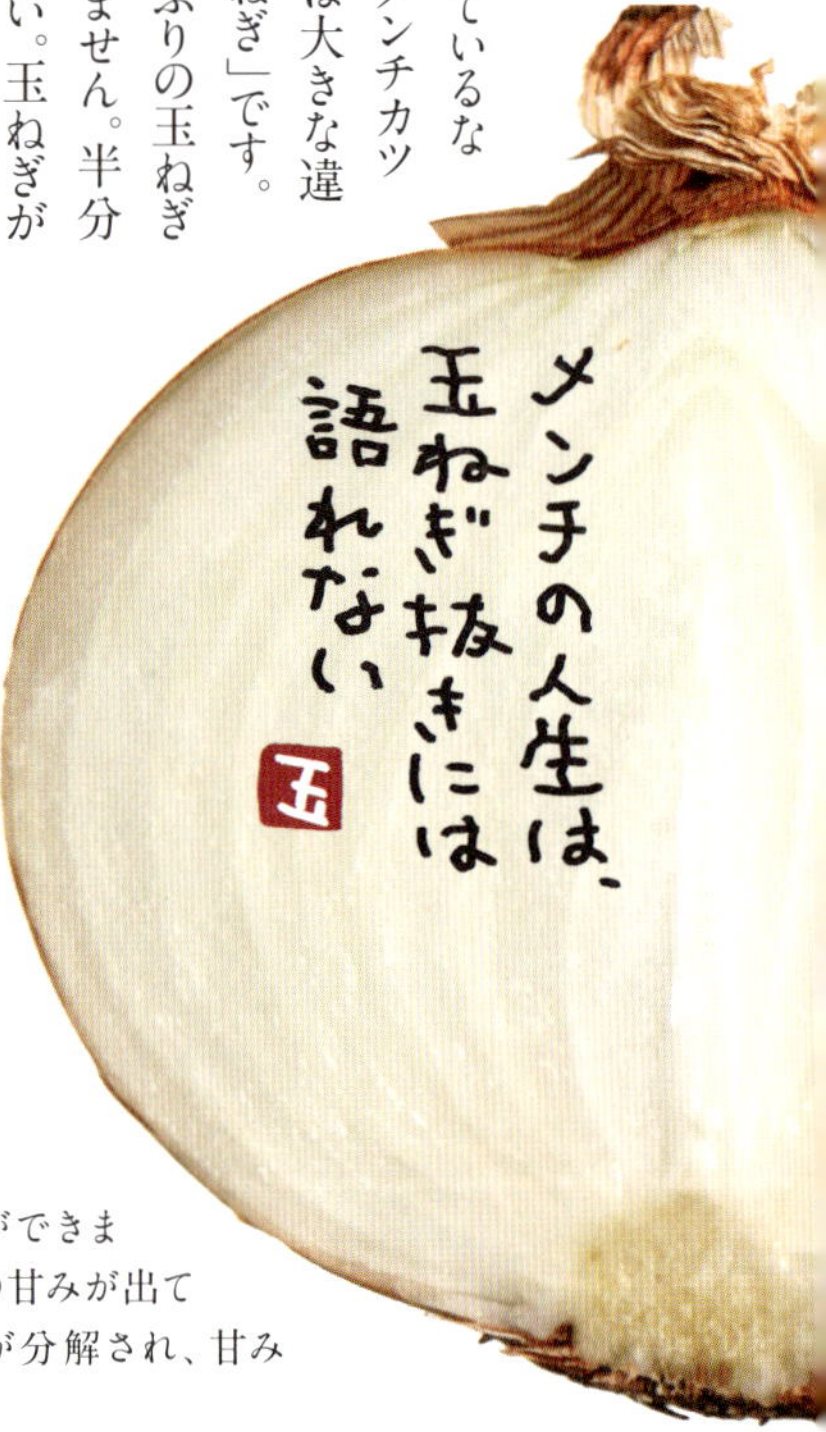

悪玉コレステロールに効く！

玉ねぎに含まれるトリスルフィド(含硫化合物)は、悪玉コレステロール値を下げることに役立つのだとか。

玉ねぎは、切った後、水にさらさず30分ほど放置すること。この間に、含硫アミノ酸と酵素が働いて「トリスルフィド」という成分を発生するとされています。

そして加熱すると10倍以上にも膨れ上がり、血液サラサラの助けになるわけです。

辛みと甘み

生では辛みが強く、甘みを感じることができません。熱を加えると辛みが消え、特有の甘みが出てきます。これは、辛み成分のアリシンが分解され、甘み成分だけが凝縮されて残るためです。

お肉屋さんのメンチカツ

材料（8個分）

玉ねぎ…1/2個
合いびき肉…300g
A
- 卵…1個
- パン粉…2/3カップ
- ソース…大さじ1
- 塩…小さじ1/3
- こしょう…適量
- 水…50cc

天ぷら粉…1カップ
水…1カップ
パン粉…適量
揚げ油…適量
＊揚げ脂に市販のラードをブレンドするとカラッと揚がる。

作り方

1 玉ねぎは大きめのみじん切りにする。
2 ひき肉に1とAを混ぜてよくこねる。8等分にし、小判型に成型する。
3 天ぷら粉を水で溶いて2をくぐらせ、パン粉をまぶす。
4 170℃に熱した揚げ油に3を入れ、こんがりと色付くまで5分ほど揚げたら出来上がり。

全国ソースマップ

一人当たりのソース消費量トップ3は、
広島、岡山、滋賀と、
いずれも西日本の県（2013年度統計）。
地域オリジナル「地ソース」の文化も、
やはり西日本で盛んなようです。

番外編 イギリス

リーペリンソース

日本のウスターソースの祖先はイギリスのリーペリンソース。日本人はリーペリンの味を真似ようとしたのだが、レシピが極秘だったため、現在のような日本独特の味わいになったといわれている。

長野

駒ヶ根名物ソースかつ丼旨味ソース

長野のご当地グルメ「ソースかつ丼」用のソース。長野でかつ丼というとソースかつ丼のこと。

北海道

JAふらの厳選野菜ソース

富良野産野菜をベースにしたソース。甘くまろやかながら濃厚な味わい。

京都

オジカソース

あっさりまろやかながらキレのある、京都らしい味わいのソース。和洋中と広く使える。

静岡

トリイソース

大正13年以来、木桶を使った伝統製法で作られる。国産野菜をたっぷり使い、土台のしっかりした味わい。

兵庫

ばらソース お好み焼き・とんかつ

神戸・長田でプロに愛されるソース。たこ焼きにも合う甘口で、そばめし発祥の地の代表的ソース。

愛知

コーミこいくちソース

中京エリアでは絶対的な人気を誇るソース。野菜のうま味がギュッと凝縮した濃厚な味わい。

徳島

カガヤソース お好み焼

しょうゆ醸造メーカーが作ったソース。野菜とフルーツたっぷりの甘さが特徴。

岐阜

飛騨清見ソース

野菜をたっぷり使って作られた、さっぱり系中濃ソース。そのまま飲んでもおいしいといわれるほど、さらりとまろやかな口当たり。

岡山

タテソース 超激辛ソース

岡山で昭和初期から愛されるソースメーカー。激辛ソースの販売は平成12年から。

長崎

金蝶ウスターソース

長崎の皿うどんには欠かせない。長崎ちゃんぽんにも合う。もちろん他の料理にも。

大阪

ヒシ梅ウスターソース

串カツや焼きそばなど、幅広い用途で使われる西日本ではおなじみのソース。

大阪

ヘルメスソース

メディアに紹介されることも多く、1～2ヵ月待ちは当たり前というほどの人気。大阪で知らない人はいない。

ミルフィーユ牛カツ

薄い豚肉を重ねて作る「ミルフィーユカツ」の断面は美しく、食感もやわらかでジューシー。これは平成の大発明でした。そして、今では「牛カツ」が人気を集めています。ステーキにできる厚切り牛肉を使ったカツ。レアな揚げ具合がとんカツにはない味わいです。また、イタリア料理にはミラノビーフカツがあります。薄く伸ばした牛肉に衣をつけて焼いた感じです。このようにカツにはさまざまなスタイルがあり、そのおいしいとこどりをしてみると「ミルフィーユ牛カツ」になるのです。ジューシーな断面が驚きとともに食欲をかき立てます！

芯が大きすぎない
キャベツが美味！

キャベツはもりもり最初に食べるべし！

キャベツには、胃の粘膜を保護してくれるビタミンUが含まれます。胃に負担がかかる揚げものを食べるときはカツより前に食べるとよいでしょう。

切り方でも食感が変わる？

キャベツのせん切りは、繊維に沿って切るとシャキシャキと歯応えがあり、繊維を断ち切るように切るとふわふわとやわらかい食感になります。たっぷり食べたいときはふわふわせん切りの方がおすすめ。

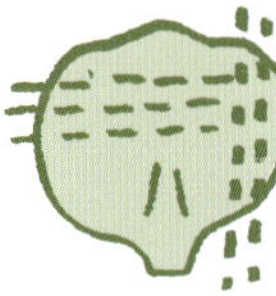

ギネスブック級の添えもの野菜!?

きゅうりは、世界一カロリーの少ない野菜としてギネスブックに載ったことがあります。

揚げもの×レモンは健康に◎

さわやかな酸味が揚げものを軽くしてくれるレモンですが、油の吸収をおだやかにする効果もあります。

肉汁が滝のように流れる肉の断層は絶景だゼ!

専門店は超薄切り肉！

ミルフィーユカツといえば、ふわっとやわらかな歯ごたえが魅力。店によっては25層にも重ねたボリューム満点のカツもあります。お店の真似をしようと、スーパーで売っている中で一番薄いしゃぶしゃぶ肉で作っても、そこまで多くの層は作れません。

スーパーのしゃぶしゃぶ肉の厚さはおよそ1ミリですが、ミルフィーユカツ専門店で使う肉の厚さは0・5ミリ。なんと、あの薄いしゃぶしゃぶ肉をさらに半分にした厚さなのです。

味のバリエーションも魅力

間に挟む食材で味のバリエーションが出せるのも、ミルフィーユカツの人気の秘訣。梅やしそ、チーズは定番。トマトやバジル、モッツァレラでイタリアンなアレンジもなかなかイケます。

フライ衣のおいしさ

とんカツ、牛カツ、えびフライ、あじフライ、かきフライ……パン粉の衣は、どんな食材もおいしく変える変身スーツのよう。衣を付けて揚げるだけで、どうしてあんなにおいしくなってしまうのでしょう。

肉や魚介などの動物性食材の場合は、衣を付けて揚げることでゆっくり加熱されることも理由のひとつ。直接加熱するとたんぱく質が急激に縮み、水分が流れ出てしまいますが、衣がクッションになってゆっくり火が通るとうま味も水分も逃げないのです。

こんがりとしたきつね色も、おいしさにひと役買っています。焼いたり揚げたりして茶色く変わることを「メイラード反応」といい、糖やアミノ酸が反応して香ばしさや複雑な味わいが生まれ、おいしさとなるのです。パンの耳や、せんべい、ステーキの香ばしさも同じ原理です。

生パン粉

ボリュームのある衣になり、中の火の通りをおだやかにする。

乾燥パン粉

水分が少なく、薄く付くので油を吸いにくい。

ミルフィーユ牛カツ

材料（2人分）

牛しゃぶしゃぶ用肉…400g
卵…1個
パン粉…適量
小麦粉…適量
塩・こしょう…適量
揚げ油…適量

作り方

1 牛しゃぶしゃぶ用肉には塩、こしょうをふっておく。

2 ラップを広げ、その上に1の肉を1枚ずつ重ねていく。脂身が偏らないように、向きを変えながら重ねるとよい。

3 ラップで全体を包み、軽く押さえて形を整える。

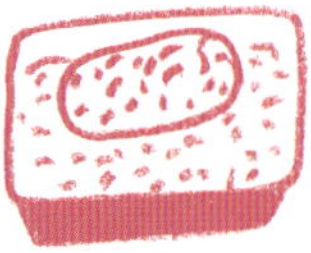

4 小麦粉、溶き卵、パン粉の順に衣を付ける。

5 160℃の揚げ油で、10分ほどかけてじっくりと揚げる。

おすすめの油って？

揚げもので気になるのはカロリー。最近では健康に良いえごま、ココナッツ、あまになどの油ブームがありましたが、実はカロリーはどれも同じ。大さじ1杯で約120kcalあるので、いくら体に良くてもほどほどに……。

とんカツのカロリーは……

ロースカツとヒレカツって、実はカロリーにはあまり差がありません。もともと脂身の多いロース肉は、揚げてもそれ以上の油を吸収しないのですが、ヒレの赤身肉は揚げ油を吸収しやすいのです。

パン粉用のパンを焼いている？

パン工場では、パン粉を作るために焼き目のない真っ白なパンを焼いています。

生ハム

豚のもも肉と塩だけで作られた生ハムは、
奇跡の食品といえるものです。
今では街のスーパーやコンビニでさえも
生ハムを見かけますが、
あれは、「生ハムだったハム」です。
カットされ真空パックされたものなど、
切ってから時間が経過したものは、
悲しいことに生ハムのもつ一番大切な
「風味」を失っています。
2〜3年かけて、じっくり熟成した風味は、
豚肉と塩だけで作られたとは
思えない素晴らしい香り。
それは、断面にした瞬間から
喪失が始まってしまうのです……。
断面協会としては
悲しい限りです。

口の中で脂がとろける〜
切った瞬間から香りは逃げている…
切りたての断面からは、芳醇な花の香りが〜

切りたては花の香り！

生ハムのおいしさはなんといっても脂の香り。脂は空気に触れた瞬間から酸化が進み、どんどん香りが劣化してしまうので、切りたてを味わいたいですね。

長い時が生み出すうま味と香り

生ハムとは、豚肉を塩漬けして乾燥・熟成させたもの。燻製《くんせい》するものとしないものがあります。

ただの生肉と生ハムとでは、味も香りも食感も全くの別モノ。当然のようにも思えますが、肉と塩だけであのチーズのような芳醇《ほうじゅん》な香りが生まれると思うと神秘的ですね。

生ハムの製造には、イタリア・パルマの乾いた風が欠かせません。乾燥させる約5ヵ月の間に重量は7割ほどになり、うま味成分が凝縮。チーズのような濃厚な香りが生まれます。日本のように湿った空気では、本場のように自然な環境で生ハム作りをするのは難しいのです。

生ハムの皮には刻印があります。ここには、肉のグレードや熟成期間が記されていて、生ハムの身分証明書ともいえます。

死ぬまでに食べておきたい！「世界三大ハム」

イタリアのプロシュット・デ・パルマ、中国の金華ハム、スペインのハモン・セラーノは世界三大ハムといわれます。

プロシュット・デ・パルマ

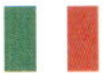

イタリア・パルマ産豚肉のもも肉を厳選して作られます。熟成によって生まれる、まろやかで繊細な香りが特徴。

ハモン・セラーノ

スペイン産の生ハム。鮮やかなピンク色とやわらかい食感が特徴。「セラーノ」とは「山の」という意味で、山岳地方で作られます。

金華ハム

中国のハムで、金華豚という脂肪の少ない豚から作られます。他の加工肉に比べても特に水分が少なく、うま味が凝縮されているのが特徴。

生ハムメロンはマズいメロンでやるべし

生ハムメロンは好きですか？　もしかして、あまりお好きでない？　でもそういうと味がわからない人みたいでいえない？

あなたの感じていることは正しいかもしれません。だって、スーパーやコンビニでも買えるような塩分の少ない生ハムと、充分に甘いメロンの組み合わせで、おいしいはずはないのですから。

本来の生ハムメロンはメロンの青臭さを消し、甘さを際立たせるための食べ方。ちょうど、すいかに塩を振って食べるのと同じ原理です。本場イタリアのメロンは、やわらかくて甘みの強い日本のメロンとは違って、硬く瓜のような味わい。パルマの生ハムのきつい塩分もやわらぎ、ちょうど良い味のバランスになるのです。

本場風のしょっぱい生ハムと、そのまま食べてもあまりおいしくない安いメロンを使って生ハムメロンにしてみたら、これまでのイメージが覆るかもしれませんよ！

めくるめく

加工肉の世界

人類の永い歴史から見れば、
冷蔵庫が発明されたのはごく最近のこと。
貴重な肉を長く保つためには、
あらゆる工夫を凝らす必要がありました。
熟成香が鼻腔くすぐる加工肉の世界、
とくとご覧あれ。

ベーコン

豚バラ肉を塩やスパイスなどに漬け込み、熟成、燻煙して作られる。

干し肉

ポークジャーキー

豚肉を塩やスパイスで味付けし、乾燥させ燻煙したもの。

ビーフジャーキー

牛の干し肉。ジャーキーとは、南米の先住民のケチュア語が語源とされる。

パンチェッタ

グァンチャーレ

パンチェッタの中でも脂身が多く、カルボナーラやアマトリチャーナに使われる。

ハム

塩漬けして熟成・燻煙した後、ボイルなどして作られる。

サラミ

イベリコ・サルシチョン

高級なイベリコ豚のひき肉とスパイスを腸詰め・乾燥したもの。

ンドゥイヤ

ペーストタイプのサラミ。唐辛子入りで、パスタなどの辛み付けにも使われる。

サラミ・ヴィスマリッシモ

白カビで熟成させたチーズのような香りのサラミ。

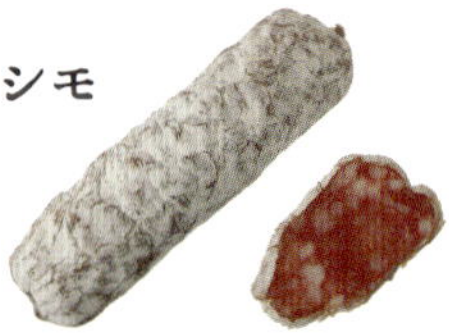

ソーセージ

ボックヴルスト

細びきの仔牛肉と豚肉を腸詰めにしたもの。ボックとはビールの種類の名前。

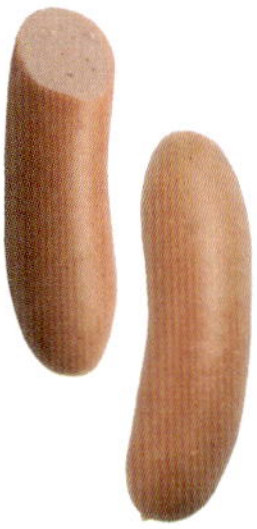

ヴァイスヴルスト

名称は、「白いソーセージ」という意味。皮をむいて中だけ食べる。

ブラートヴルスト

こんがりと焼き色が付いているのが特徴。ブラートとは「叩いて細かくした」の意。

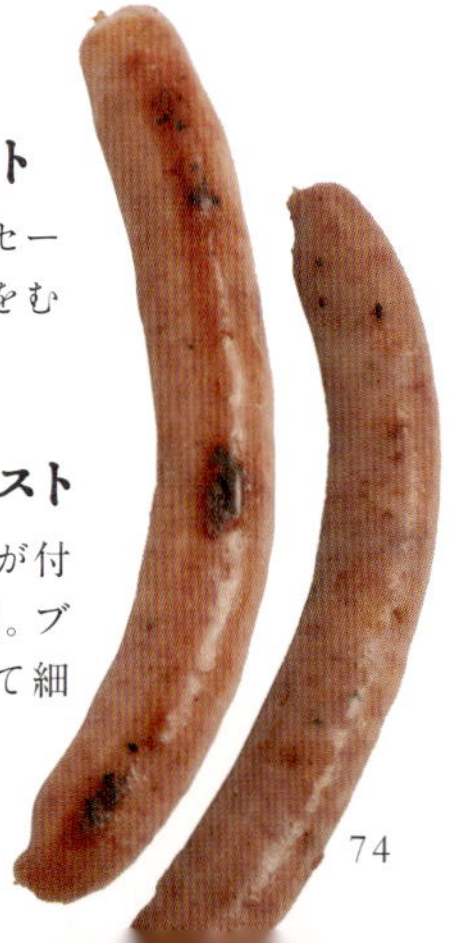

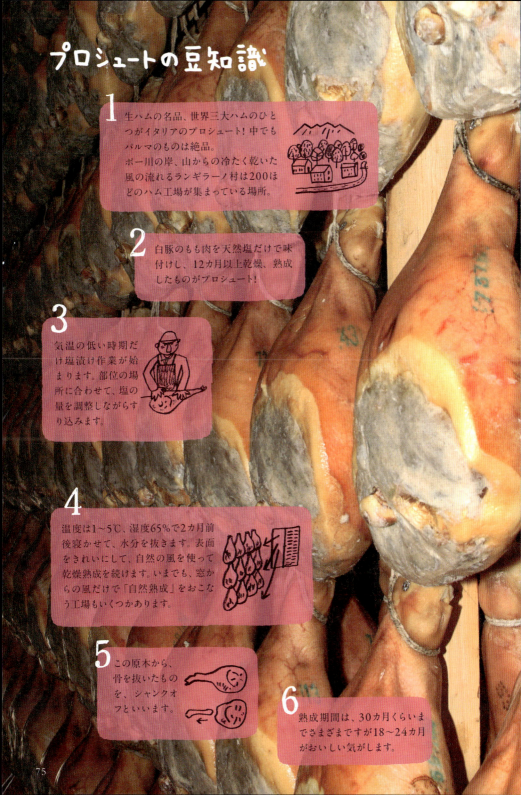

プロシュートの豆知識

1

生ハムの名品、世界三大ハムのひとつがイタリアのプロシュート! 中でもパルマのものは絶品。
ポー川の岸、山からの冷たく乾いた風の流れるランギラーノ村は200ほどのハム工場が集まっている場所。

2

白豚のもも肉を天然塩だけで味付けし、12カ月以上乾燥、熟成したものがプロシュート!

3

気温の低い時期だけ塩漬け作業が始まります。部位の場所に合わせて、塩の量を調整しながらすり込みます。

4

温度は1～5℃、湿度65%で2カ月前後寝かせて、水分を抜きます。表面をきれいにして、自然の風を使って乾燥熟成を続けます。いまでも、窓からの風だけで「自然熟成」をおこなう工場もいくつかあります。

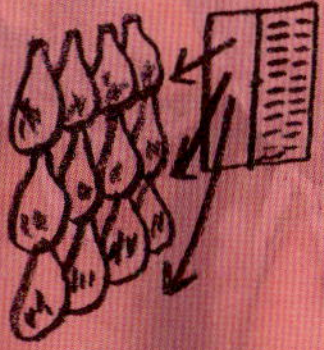

5

この原木から、骨を抜いたものを、シャンクオフといいます。

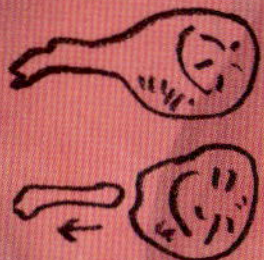

6

熟成期間は、30カ月くらいまでさまざまですが18～24カ月がおいしい気がします。

牛丼

牛丼、安い。安いのにうまい。お肉屋の牛肉は高くて買えないけど、牛丼なら食べられちゃう。だって安いから。

そんな庶民のための牛丼ですが、食べ方は人それぞれ。

生卵を付けるか、紅しょうがをのせるか、七味はかけるか、つゆだくか、つゆ少なめの方がいいか。

どんな食べ方をしても、誰にも文句はいわれない。

牛丼には、自由を謳歌できる楽しみがあります。

卵でまろやか

生卵は、牛丼の味をマイルドにしてくれます。全体に均一に混ぜてしまうより、少しムラがあった方がベスト。黄身を少しずつ崩しながら食べるか、ごはんだけに卵を混ぜ込んで、TKG（卵かけごはん）牛丼にするのもおすすめ！ 別皿に溶いておいて、肉を付けながら食べるのもいいですって？ 粋ですね～。

つゆが染み込んだ米粒は
うま味飯に変身!!

断面を見ると、ごはんの底の方につゆがたまっていることがわかります。だから、最後までおいしいのですね！

脂たっぷりだからうまい！

ある大手牛丼チェーン店で使われるのは、アメリカ産牛肉の「ともバラ」という部位。ダイエット中の方は聞きたくないかもしれませんが、牛肉の中でも、特に脂の多いところで、ファットカットとも呼ばれたりします。

日本人は霜降りなどの脂たっぷりの肉が好きですが、アメリカではあまり好まれません。だから、アメリカ産牛のともバラ肉は、安く輸入できるのです。ありがたいですね。

また、脂がたくさん入っていると、煮込んでも硬くなりにくい性質があります。自宅で再現するときも、高級な肉より、ちょっとお安めで脂のたくさん入った切り落とし肉の方が、お店の牛丼らしい味わいになりますよ！

黒ごま
陳皮
唐辛子
アオサ
吉野家のスパイスは
優しいみかん味
なのです

玉ねぎは不要!?

玉ねぎが多いと損をした感じ!? 玉ねぎなんて要らない!? そんなかわいそうなことをいわないであげてください。玉ねぎは牛丼にとって欠かせない脇役。牛肉のうま味は、玉ねぎと合わさると相乗効果で濃厚になるのです。

七味じゃなくて四味!?

大手牛丼チェーンに置いてあるのは、七味ではなく実は四味って知ってましたか? 中身は、唐辛子・陳皮《ちんぴ》（みかんの皮のこと）・ごま・アオサ。唐辛子控えめで陳皮が多く入っているので、辛みは強くなく、さわやかな香り。たくさん使っても大丈夫!

玉ねぎを
嫌わないで下さい!

脂身が
多い!
ワインを入れると
さわやかなコクと香りに
この辺につゆが
たまっています
しみしみ〜

牛丼

材料（2人分）

牛切り落とし肉…250g
玉ねぎ…150g
しょうが…1かけ
A　水…1カップ
　濃口しょうゆ…大さじ4
　酒…1/4カップ
　ワイン…大さじ2
　みりん…大さじ2
　砂糖…大さじ3
ごはん…適量

作り方

1 牛肉は食べやすい大きさに切る。玉ねぎはくし型切りにする。しょうがはすりおろす。
2 鍋にAと玉ねぎ、しょうがを入れて火にかけ、煮立ったら牛肉を加える。
3 再び沸騰したらアクをすくって弱火にし、20分ほど煮る。
4 丼にごはんを盛り、3をかける。

出逢ったら即注文！

牛肉の希少部位

サンカク
肩から腕にかかる部位で、別名チャックリブ。濃厚なサシが入り、こってりした味わいです。

ハネシタ
肩ロースの真ん中から三角バラに続く部位。ロース肉のようなやわらかさと、カルビのようなジューシーさがあります。

マキ
別名フカヒレ。肉のうま味が濃厚でサシが多く、かみ締めた瞬間に肉汁があふれ出します。

エンピツ
リブロース芯付近から少量しか取れない部位。赤身と脂がほど良く交じり、バランスのよい味わい。

ザブトン
肩ロースの芯の部分。和牛の中でも一番の霜降りといわれ、圧倒的なやわらかさが特徴。

ミスジ
木の葉のような形が特徴。美しい霜降りで、カルビとロースのいいとこ取りをしたようなとろける食感。

ミノ
第1胃。4つある胃の中で一番大きい。肉厚でかみごたえがありますが、クセは少なめです。

ハチノス
第2胃。蜂の巣状にすじがあり、独特のクセと歯応え。フレンチやイタリアンでよく使われます。

希少部位とは、一頭の牛から少量しか取れなかったり、処理が面倒だったりして、お目にかかれることの少ない部位。焼き肉店などで見かけたときにすかさず注文できるよう、全て頭に叩き込んでおくと吉。

センマイ
第3胃。ザクザクとした食感が特徴で、食感を楽しめる刺身も人気の食べ方。

ヤン
ハチノスとセンマイをつなぐ部位。弾力があり、脂の甘みが特徴的。

カイノミ
貝の形をしていることからついた名称といわれます。ヒレ肉近くのバラの一部で、ほど良く脂がのっています。

メガネ
牛の骨盤周辺の部位。赤身のうま味とハラミのようなやわらかさをあわせ持つところ。

カッパ
前腹の皮と脂身の間にあるスジ肉。やや硬めですが、かむほどに味わい深い通好みの部位。

ギアラ
第4胃。濃厚なうま味と、コリコリした歯応えが特徴。生物学的にはギアラだけが胃で、第1～3胃は食道が進化したものといわれます。

チチカブ
雌の乳房で、1頭から4つ取れます。歯応えがよく、ミルクのような味わいともいわれます。

イチボ
お尻の先の部分。牛の臀骨はH型で、英語のH-bone（エイチボーン）がなまって付いた名称といわれます。

タン元
牛の舌の根元の部分で、牛タンの中では最もやわらかい。厚切りにして食べることもできます。

タンルート
舌の裏側の筋肉の部分。コリコリとした食感で、ひき肉にされることが多い。

ヒウチ
ももの中では最もサシの入る部位。火打ち石に似ていることから名付けられたといわれています。

甘味の中身

いちごのショートケーキ

真っ赤ないちごが飾られたショートケーキは、
誕生日からクリスマスまで、ハッピーな日にお似合いです。
クリームの白といちごの赤の組み合わせは
日本の国旗みたいだと思いませんか？
実はいちごショートは日本のオリジナルなのです。
日本のいちごも他の国のそれとは異なる、別格のおいしさ。
甘酸っぱいいちごの酸味と、
上質な生クリームの黄金コンビが、
繊細なおいしさを引き出しているのですね。

ケーキのいちごは酸っぱい!?

ショートケーキのいちごって、どのタイミングで食べますか？ 最初か、中盤か、それとも最後に取っておく派？

食べ比べないとわかりにくいですが、ケーキに使われるいちごは、いちごだけで売られているものより酸味が強いのが特徴。甘い生クリームをベースにしたケーキでは、いちごの酸っぱさがアクセントになって、全体の調和をとっているのです。

ツヤツヤコーティング

ツヤツヤに見えるのはゼリーのコーティング。厚く塗りすぎると食感が悪くなるので、プロの技が必要です。

いちご
10kcal
＋
スポンジ
130kcal
＋
クリーム
230kcal
＝
total
370kcal

＊6号のホールケーキを8等分したもの

いちごのおいしい食べ方は？

いちごはヘタ側より、先端の細くなっている方に強い甘みがあります。食べるときは、ヘタ側から口に入れた方が最後まで甘みが残り、おいしく感じます。

ここが
甘〜い

毎月22日は何の日?

カレンダーを見てみてください。22日の上は何日ですか? そう、15(イチゴ)日! 上にいちごがのっているから、毎月22日はショートケーキの日です。

15
22

外側のフィルムはどうする?

子どもなら、フィルムに付いたクリームをなめても許されそうですが、大人になったら一人のときでもない限りそんなことできませんよね。上品な大人としては、フォークでくるくると巻き取り、お皿の脇によけておくのが正解です。

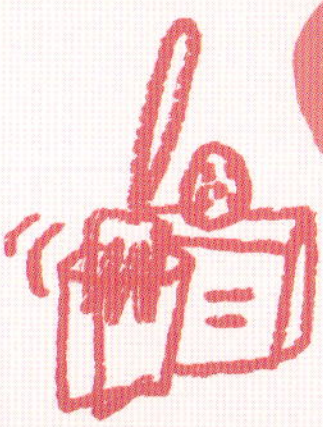

いちごにも
いろんな顔があるの♡

いちごののせ方図鑑

いちごののせ方は、実にさまざま。
明らかな違いから、よく観察しないと
わからないものまでありますが、
作り手のセンスがものをいう部分。
いちごのたたずまいだけでも
味が想像できそうです。

スタンダード

これぞショートケーキといった風情。もう少し個性がほしい？

シンプル

余計な飾りは一切なし。なんとも実直な雰囲気を感じます。味で勝負という心意気の現れでしょうか。

どっさり

これなら、いちごをどのタイミングで食べようか……と悩む必要ナシ。もうこれ以上悩みたくないあなたに。

雪化粧

パウダーシュガーをオン。粉雪に淡く染められたいちごが、大人の色気を感じさせます。

ハート型

カッティングを施したいちごが、あなたの気もちを代弁してくれます。想《おも》いを伝えたいあの人に……。

ゼリーがけ

一見スタンダードと同じですが、ゼリーでコーティングされたいちごがツヤツヤ。ちょっとでもきれいに見せたいという乙女心を感じさせます。

いちごのショートケーキ

材料（1台分）

スポンジ
- 卵…2個
- 砂糖…60g
- 薄力粉…60g
- 無塩バター…20g

ホイップクリーム
- 生クリーム…200g
- 砂糖…20g

いちご…10〜15粒

作り方

1 ボウルに卵を割り入れてほぐし、砂糖を加えてすぐに電動ホイッパーで混ぜる。
2 湯せんに当てながら混ぜ続け、人肌程度になったら湯せんからはずす。温かいうちに全体が白っぽくなるまで泡立てる。ホイッパーで持ち上げて8の字を書いてみて、ちょうど書き終えるころに消え始めるくらいの硬さになっていたらOK。
3 木べらに持ち替えて薄力粉を振り入れ、底から大きく切るように混ぜる。
4 粉っぽさがなくなったら溶かしバターを加えて混ぜ合わせる。
5 生地を型に流し込み、160〜170℃に予熱したオーブンで30〜40分焼く。
6 焼き上がったら型からはずして冷ます。ボウルに生クリームと砂糖を入れて泡立てる。
7 スポンジを半分の厚みにスライスして、1枚目にクリームと半分に切ったいちごを並べる。いちごを覆うようにホイップクリームをのせたら2枚目の生地をかぶせ、ホイップクリームを表面に塗り広げる。残ったホイップクリームといちごでデコレーションして出来上がり。

あなただけに教える

生クリームの話

ちょっとだけ使って、残りは冷蔵庫の肥やしになりがちな生クリーム。泡立ててホイップクリームにしておけば、冷凍保存できます。ホイップせずに冷凍すると、分離して使えなくなるので注意。

生クリームに対して1％程度のレモン汁を加えると、なんと半分ほどの時間でホイップクリームができてしまいます。このくらいの量であれば、味にほとんど影響ありません。

生クリームをのせたコーヒーのことを「ウィンナコーヒー」といいます。ウィンナは「ウィーン風の」という意味。腸詰めのウインナーのことではないのです。

喫茶店などにあるコーヒーフレッシュの中身、実は成分のほとんどが植物油。本物の生クリームは入っていません。

石焼きいも

ただ焼くだけで、これほどとろりと甘くなるなんて、そこらのスイーツでは太刀打ちできないシンプルなおいしさ。それに近年のさつまいも品種の進化には驚きです。昭和の石焼きいも屋では、モソモソとして甘みもいまひとつでしたが、近年のものにはハズレがない。自分でも焼ける石焼きいもの断面を見ていきましょう。

弱い熱で
じっくり焼くから
おいしいんだ!
60分くらいで
ホクホク
遠赤外線

遠赤外線の波長は植物や人間の分子と振動が合うので、吸収されやすく温度が上がります。炭や石、セラミックなどは多く放射する物質なのです。

甘いさつまいもの選び方

さつまいもの切り口に注目。ベタベタした蜜がしみ出ているものが、甘いさつまいもです。

低い温度で甘くなる!

さつまいもは、生のままかじっても甘みはありません。焼きいもの甘さは、β-アミラーゼという酵素によってでんぷんが分解され、糖に変わることで生まれるからです。

β-アミラーゼが、最も活発に働くのは約70℃。この付近の温度帯をゆっくり通過することによって、甘みが強くなります。低温でじっくり焼く石焼きいもは、さつまいもの甘みを引き出すのにぴったりの調理法といえます。

逆に、電子レンジなどの高いワット数で急激に温度を上げてしまうと、やわらかくはなっても、甘みはほとんど感じられないはずです。

食感は時間でも変わる！

焼きいもの食感には、大きく分けて「ホクホク」と「ねっとり」の2種類があります。品種による差も大きいのですが、加熱のしかたによっても、食感をコントロールできます。

ねっとり食感は、長く加熱し続けることで生まれます。逆に、加熱時間を短くすると、ホクホクした食感に。

焼きいもは、じっくり時間をかけて加熱するほどに水分が蒸発、身が凝縮して甘くなります。皮と身の間に出来たすき間は、そんな甘さのサイン。
水分
この空洞が甘さの証!
120分くらいで
ねっとり
川原の石でもOK!

さつまいもの品種

いもの種類によって、焼きいもの味や食感は大きく異なります。最近は、甘みが強いねっとり系がもてはやされがちですが、素朴な甘みのホクホク系も捨てがたいおいしさです。

関東

紅あずま

ホクホク系ですがほど良いねっとり感もあります。さっぱりした甘みで食べ飽きないおいしさ。

関西

鳴門金時

ホクホクと栗のような甘みが特徴。いかにもさつまいもといった、美しい見た目も魅力です。

石焼きいもの石は特別な石?

特に、決まった種類の石はありません。いもを傷付けず、ムラなく加熱できれば、庭石や川原で拾ったものでもOK。

石焼きいもをお家で焼いてみよう

1

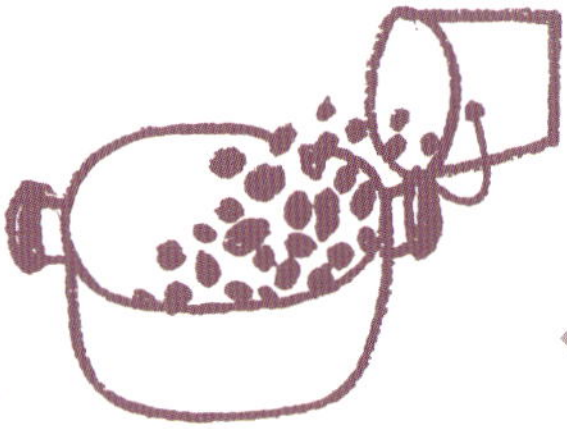

鍋に石を入れる

石は直径1～2㎝で、熱処理されたものが安全。よく洗って乾かしておく。鍋は、空焚きできる鉄鍋や中華鍋、土鍋を使う。いもの蜜がしみになるので、汚れてもいいものを。

2

まず、石だけを熱する

鍋に石を入れて強火にかけ、150℃くらいまで10～15分熱する。

3

いもを入れる

きれいに洗ったいもを石に埋める。石で完全に隠れなくてもOK

4

じっくりと焼く

途中で何度か回転させながら、50～120分加熱する（いもの大きさや量によって加熱時間は異なる）。

まだまだある！ さつまいもの品種

安納芋

ねっとり系の代表品種。種子島の特産で、オレンジ色の果肉と強い甘みが特徴です。

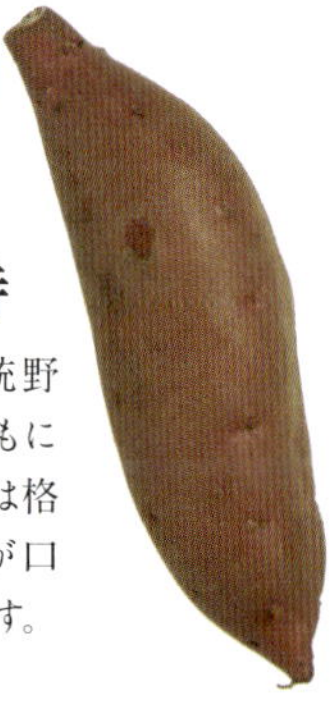

五郎島金時

加賀（石川）の伝統野菜のひとつ。焼きいもにしたときのおいしさは格別で、優しい甘みが口いっぱいに広がります。

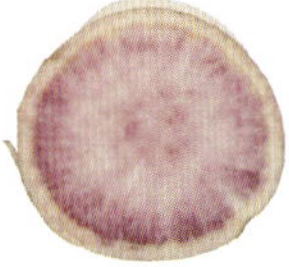

種子島紫芋

紫芋の中では最も甘みが強く、焼きいもにするとおいしい。栽培農家が減少している希少な品種です。

煙モクモク 焼きいもカーの仕組み

焼きいもの屋台は秋の風物詩。肌寒い夜に「いしや〜きいも、おいも〜」と聞こえてくると、つい音の方へ吸い寄せられてしまいます。

昔はリヤカーに焼き窯を乗せて移動していたようですが、今は軽トラック。どんな仕組みで焼いているか気になりませんか？

驚くことに焼き窯は昔からほとんど変わらず、薪をくべて燃やしているそう。ガソリンを積んだ車で炎を燃やすなんて危険にも思えますが、安全性に問題はなく、これまでに大きな事故も起きていないのだとか。

窯は、石を入れていもを焼くスペースと、焼き上がったいもを保温するスペースに分かれている。

石焼きいもの軽トラ裏話

荷台の焼き窯は荷物扱いで車検の対象ではなく、火を扱うのは消防法。しかし、消防法は建物に関してで、車への規制はなし。保健所では、食中毒などが出なければ不問。甘い法のすき間産業なのですね。

たい焼き

明治後期、
お目出たい鯛をかたどった
ものとして誕生したたい焼き。
今川焼きの変形ともいわれます。
そのころは、尻尾を持って食べるスタイルで、
尻尾は食べずに残していたとか。
昔のたい焼きは、あんこが少なく
皮も厚かったのでしょう。
昭和になって
「尻尾まであんこが詰まっている！」
というのが、おいしいたい焼きの、
ひとつの定義となりました。
あんこの風味、皮の食感、
断面にもそのおいしさが見えてきます。

たい焼きには養殖と天然がある？

たい焼きには、養殖モノと天然モノが
あることをご存じですか？
養殖たい焼きは、よく屋台にあるよう

養殖モノ
ふわふわっ
生地がふわふわ～

生地たっぷり!!
1個食べただけでもお腹いっぱい…！
あんこの量はそこそこ

横断面
生地がたっぷり

一度にたくさん作れる！

な、一度にたくさん作れる焼き台で焼いたたい焼きのこと。一方、天然モノは、職人が一匹ずつ手焼きするたい焼きのことです。一丁焼きともいわれます。

養殖モノは、細やかな火力コントロールは出来ないので、ホットケーキのような、分厚くてふわふわの生地が特徴。1個食べただけでも、満腹感があります。

対して天然モノは、薄くパリパリの生地の中に、はちきれんばかりのあんこが詰まった贅沢《ぜいたく》な味わい。軽やかな食感で、1個2個とつい手が伸びてしまいます。ギリギリの生地の量で、たっぷりのあんこを包み焼くのは、熟練の職人技がなくてはできません。

粒あんとこしあんの違い

こしあんは、粒あんの皮をただこしただけのものではありません。渋抜きのために一度煮て皮を除いた小豆を砂糖、水あめとともに煮ていくのです。皮つきのまま煮る粒あんの方が、砂糖がしみこむのに時間がかかるので長く煮る必要があります。

一匹一匹
世話が大変!

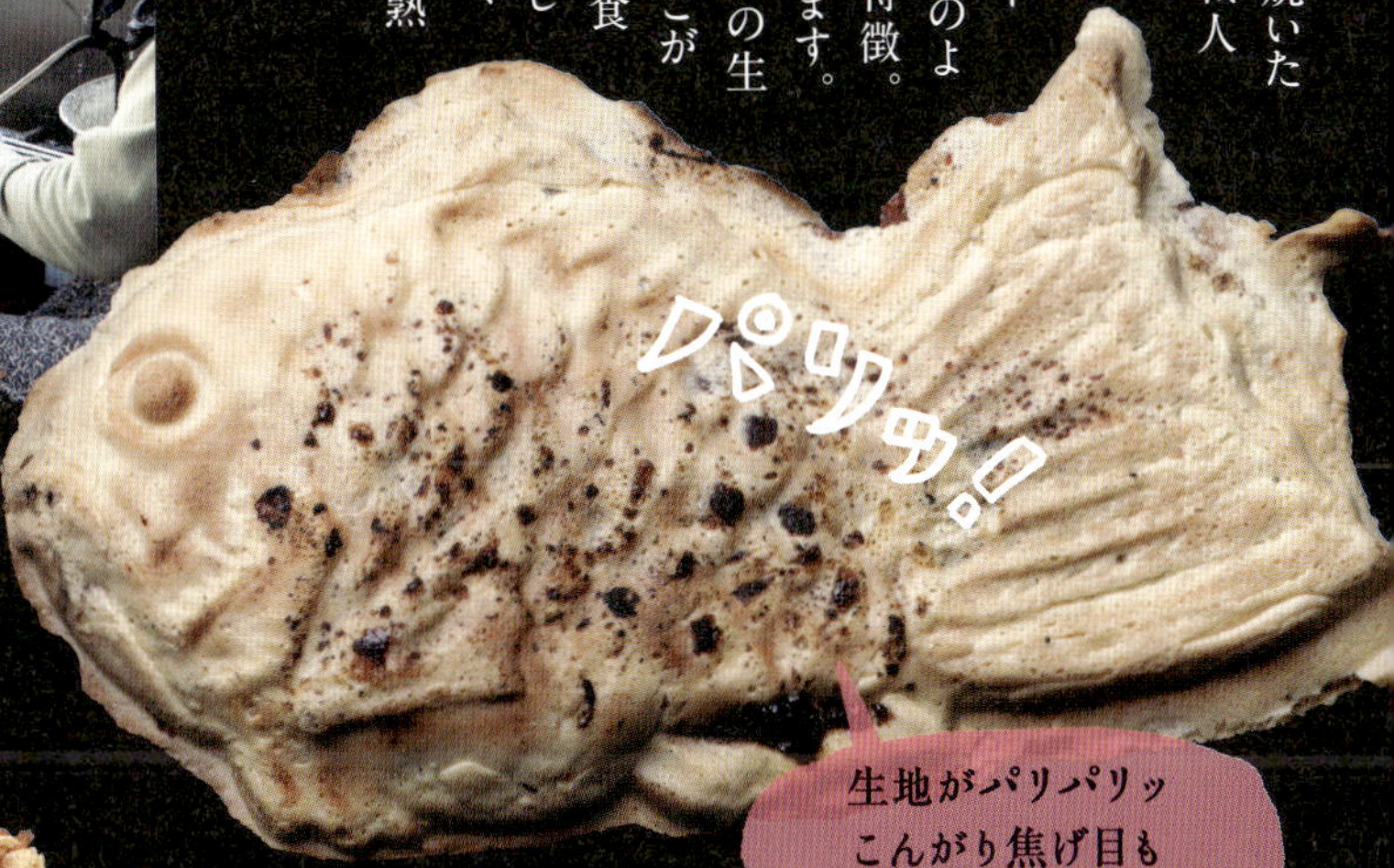
パリッ!
生地がパリパリッ
こんがり焦げ目も
香ばしい〜!

天然モノ

横断面

あんこ
ぎっしり!!ぞく
2個くらい余裕で
イケちゃいそう!
皮が薄い分、
あんこたっぷりなのだ

肉付きが良く、でっぷりと丸い力士を「あんこ」といいます。でも由来は「餡子《あんこ》」ではなく、魚の「鮟鱇《あんこう》」。

あんこのお菓子 いろいろ

あんこは幸せの味

あんまん

かのこ

あんぱん

まんじゅう

きんつば

どら焼き

「粒あんか？こしあんか？」たびたび議論になるこの問題、決着がつく日は来そうにありません。だって、かむほどに味わい深い粒あんも、ビロードのような舌ざわりのこしあんも、結局どちらもおいしいのですから。

強いていえば、適材適所はあるかもしれません。「ようかんはなめらかなこしあんがいいよね！」とか「きんつばはやっぱり粒あん！」とか。それにだって厳密な決まりはないのです。自由に楽しむ。それがあんこ道。

おはぎ

あずきアイス

豆大福

おしるこ

あんだんご

今川焼き

小倉トースト

モナカ

シベリア

ようかん

あんこの炊き方

1

小豆は水から煮始めて、湯をこぼす。この「渋抜き」を何度かくり返します。

2

渋が抜けたら、砂糖を入れます。「氷砂糖」などの純度の高いものと、コクのある三温糖なども合わせて使います。

小豆は、それだけではサラサラですが、お砂糖の力でとろりとなっていきます。ひとつまみの塩で驚くほど味がはっきり!

渋抜きとは…

小豆には強いアクが含まれるので、それを取り除く必要があります。小豆をたっぷりの湯でゆで、その湯を捨てることを「渋抜き」といいます。

フルーツトマト

「トマトは野菜か果物か」という論争がありました。

100年ほど前のアメリカで、関税をめぐって最高裁まで争われた本当の話です。

その時には「トマトは野菜なり」という結論でしたが、現代では果物ほどに甘くフルーティーな「フルーツトマト」が栽培されています。

このフルーツトマトとは高糖度の新品種ではなく、50年以上前から流通しているトマトの品種を用いてストレス栽培で育てているのです。

本来は大きく育つ品種なのに、根から吸い上げる水を抑制することで、果実サイズは大きくすることなく、糖度を上げるわけです。

普段食べている大玉トマトは糖度が4～5度。

フルーツトマトの糖度は8度を超えフルーツ並の甘さといわれています。

ぽよ〜ん
元は同じトマト!?
ギュッ!!
この部分が花の跡で、雄しべや雌しべなど花弁の残りが付いたままの実もあります。
育て方によってこんなに大きさが違う!

桃太郎

トマト品種の代表格です。昭和60年に発売された品種で、青果売り場の大玉トマトのほとんどがこの桃太郎という時代が長く続きました。一般の栽培では、糖度は4度。皮は薄く、ピンク色。

フルーツトマト

桃太郎をストレス栽培で、高糖度に作り上げたもの。このサイズの違いが甘さの違いになります。

ここにうま味がたっぷりなんだ

果実の中には、いくつかの部屋があり、ゼリー液の中に幼い種子があります。この部分はすこし酸味がありますが、甘みとこの酸味でさわやかな味わいを感じるのです。

トマトの毛

もともとアンデスの乾燥した場所で育ったトマトは、空中の水分も吸収するために、茎や葉、果実の表面にも毛を伸ばします。

よーく目を凝らすと見える

全国の有名ブランド

「熊本県の塩トマト」「高知県の徳谷トマト」「静岡県を中心としたアメーラトマト」などが有名です。

どれもデパ地下で贈答箱に入った高級品として流通し、一箱2000円以上のお値段。糖度が高ければ、値段も上がるんですね。

アメーラ

ストレス栽培で、甘みと酸味が凝縮され、濃厚なトマトに。

せいたくトマト

もともと水を吸いにくい品種で、濃い味の甘みとうま味がある品種。20数世代の交配を重ねて開発されています。

フルティカ

皮がやわらかく、糖度が高い品種。果肉もみずみずしく食感が良い品種。

ラブリーさくら

糖度も高く、全体のバランスが良い、ミニトマトの品種。

アマルフィの誘惑

ゴルフボールサイズで、濃い赤。かむごとに甘みが感じられます。

ファースト

昭和初期からある、伝統的な品種。多くのフルーツトマトで使用されています。とんがったお尻が目印。

ごめんねトマト

ストレス栽培の方法

トマトにストレスをかけて栽培しますが、その方法は1つだけではありません。高糖度にするために、栽培農家は試行錯誤を繰り返し、新しい栽培法が生まれています。

トマトにとっては苦行荒行の数々ですが、日本人は甘い野菜に目がないので、これもしかたのないことでしょう。トマトよ、許せ！

「密植による栽培」

混み合ったスペースに植え付け栽培する方法。密植されたトマトは、その環境に負けじと早く生長します。この競争ストレスを利用する栽培で、技術的には簡単ですが、ストレスが小さいため、糖度7度前後のようです。

「極力水を与えない栽培」（アメーラトマトなど）

植え付けて根が張り出したら徐々に水やりを少なくし、開花後は特に水を与えすぎないようにします。根の伸びる範囲を制限してやることで、株が水を吸い上げることを制限し、実を充実させます。

「塩分を含んだ土壌で栽培」（徳谷トマト、熊本県の塩トマト）

海岸近くで海水をかぶった畑に植え付けます。塩分がトマトの水の吸収を抑えるので、水を与えない栽培法に似た結果が得られます。

野菜&果物混合！糖度ランキング

フルーツや野菜の甘さを表現するのに「糖度」が使われますが、実は糖度が高いほど甘いわけではありません。糖度とは食べものの水分に溶けている糖分の量のことですが、糖分が多くても酸味が強かったり、苦みがあったりすると甘みは隠れてしまいます。たとえば、レモンにはいちごと同程度の糖度がありますが、強い酸味が勝っているため、あんなに酸っぱく感じてしまうのです。

糖度とは、甘みのポテンシャル。そのまま食べて甘みを感じなくても、甘さの邪魔をする味を消すことができれば甘い食べものに変身できます。渋柿から作られる干し柿はその代表例。そのまま食べると渋みが強くて食べられませんが干すことで渋みが抜け、とても甘い食べものになるのです。

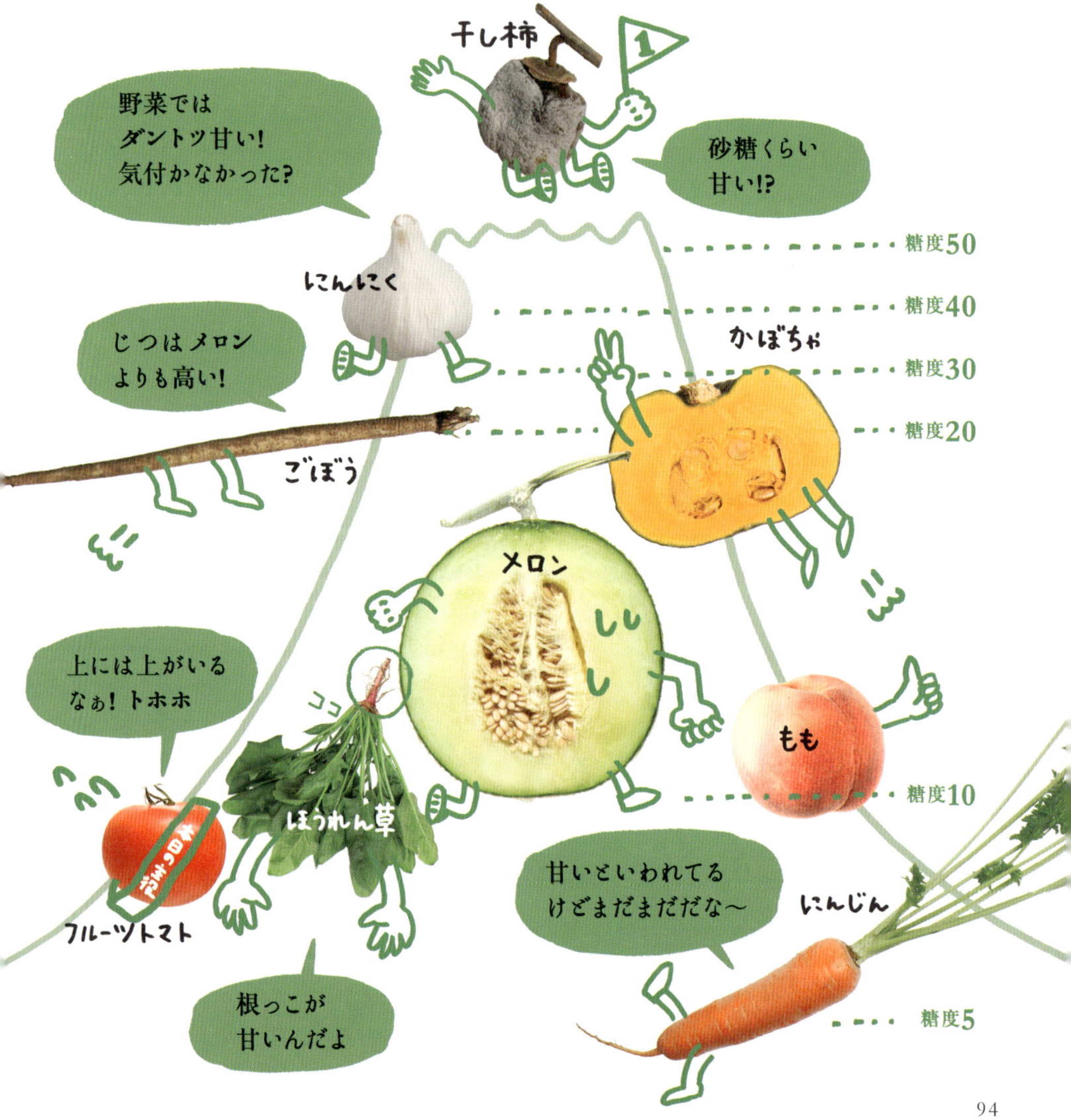

トマト兄弟
びっくりするくらい甘いフルーツトマトは、どんなトマトでしょ？人間にたとえると、小柄でマッチョな感じです。

小粒でも実は締まってキレキレだぜ！糖度だって8度くらいはあるんだぜ！

一般的な大玉トマトは糖度4度くらい。しかし、どちらも同じ品種で兄弟関係なのです。

プヨプヨでもおいしいよ
マッチョでストイックな弟のフルーツトマトは、毎日の食事も控えめで水分もギリギリの生活。

太った兄トマトは、栄養も水もたっぷりで、すくすく大きな実に育っていきました。

トマト兄弟のご先祖さまはアンデス高地の岩の間に生えている小さな赤い実。雨も少ない場所で、甘い実を付けていたわけです。

三男のミニトマト。酸味もあるけど、じっくり熟せばかなり甘い実になります。

小さい方が甘いんだよね～

ホットケーキ

小麦粉を水で溶いて焼いたものは、
古代ギリシャのころから存在したそうですが、
小麦文化の地域には、どこにでもある料理です。
18世紀ころのアメリカでは、
卵とベーキングパウダーを入れて焼くスタイルが、
庶民の間でも気軽に食べられるものになったそう。
日本では「ホットケーキ」という名称で最初に販売された
ため、この呼び名が定着したようです。
海外ではパンケーキが一般的ですね。
近ごろは、パンケーキと呼ばないとオシャレじゃないとか!?

茶葉が躍るから
香りがいいんだね！

ティーバッグは勘違いから生まれた!?

20世紀初頭、トーマス・サリバンという茶商人が茶葉のサンプルを小さな絹袋に入れて配ったところ、顧客は袋のままお茶を淹れてしまいました。意図されない使い方でしたが、これが便利だと評判になり、ティーバッグでお茶を淹れる文化が広まったといわれています。

ふっくらパンケーキの秘訣

分厚くてふわふわのパンケーキは、お店で食べるもの？

実は、ホットケーキミックスでも、お店みたいな分厚いパンケーキが作れます。手っ取り早いのは、セルクル（＊）を使うこと。枠があって高さが出れば、あとはじっくり時間をかけるだけで分厚いパンケーキの出来上がり。

ただ、セルクルを持っている人は、それほど多くないでしょう。そんなときは、セルクルよりは分厚くなりませんが、牛乳をヨーグルトで代用すると、驚くほどふわふわに。牛乳で焼いたホットケーキがせんべい敷き布団としたら、ヨーグルトホットケーキは羽毛の掛け布団くらいふわふわ分厚い。ヨーグルトの酸味は、焼くとほとんど気にならなくなります。ぜひお試しあれ！

＊セルクル…主に洋菓子を作るときの型枠で、底がないもの。

火が強いとここが
硬くなっちゃいますよ
約5cm
粉にムラがなければ
細かな気泡になります

1匹が集める はちみつはどのくらい?

みつばち1匹が一生のうちに蜜を集めるのはおよそ10日間。1万km飛んでスプーン約1杯分集めるといわれています。ありがたくいただきましょう。

ティーバッグ

ピラミッドのようなテトラ型のバッグは、中で茶葉が遊泳します。茶葉は非常に細かい粒子ですが、決して品質が悪いわけではありません。細かい茶葉は、短時間で抽出できます。

ホットプレートできれいな焼き色に!

フライパンできれいな焼き色を付けるのは、案外難しいもの。ホットプレートの方が安定した温度でムラなく加熱できるので、きれいな焼き色になります。

しみこんだところがおいしいんだよね～
じゅんわー
中心部が生焼けにならないように気をつけよう!

知らなきゃよかった!?

ホットケーキのカロリー

知ってしまったら
食べられない気がして……。
見て見ぬふりをしていても、
やっぱり気になる総カロリー。
どうしても知りたくない人は、
今すぐ別のページに
避難してください!

ハワイアンパンケーキ

山盛りのホイップクリームだけで、もう1食分のカロリーはオーバー。
これ全部食べたら、摂取カロリーは二郎系ラーメンに匹敵します。

ホイップクリーム
…850kcal

いちご5個(約90g)
…30kcal

フルーツソース
…250kcal

パンケーキ1枚
…180kcal×5枚
=900kcal

どどんと
横綱級!

total 2030kcal

喫茶店ホットケーキ

分厚いから大変なカロリーかと思いきや、1段だけなら約340kcalとそうでもない。
でも、1段増やしてシロップをかけるとあっという間に高カロリー!

バター…40kcal

分厚いホットケーキ1枚
…340kcal×2枚=680kcal

メープルシロップ
…120kcal

これでも
十両

total 840 kcal

お家のホットケーキ

ホットケーキミックスで作れば1枚約280kcal。
1回に2枚程度ならバターとシロップをかけても
まだ700kcal程度と、一番ローカロリー。

バター…40kcal

メープルシロップ
…120kcal

ミックス粉を使ったホットケーキ1枚
…280kcal×2枚=560kcal

まだまだ
序の口

total 720 kcal

分厚いホットケーキ

材料(作りやすい分量)

- A
  - 薄力粉…200g
  - ベーキングパウダー…小さじ2
  - 塩…1つまみ
- 卵…2個
- 砂糖…60g
- ヨーグルト…200g
- サラダ油…大さじ2
- バニラオイル…少々
- メープルシロップ…適量

作り方

1. ボウルにAを入れて泡立て器で混ぜ合わせ、中央をくぼませておく。
2. 別のボウルに卵を溶きほぐし、メープルシロップ以外の材料を順に加えてその都度よく混ぜ合わせる。
3. 1の中央に2を流し入れ、泡立て器で中央から円を描くように混ぜ合わせる。混ぜすぎないよう注意し、少々だまが残る程度で手を止める。
4. フライパンにサラダ油を薄くひいて熱し、一度ぬれぶきんにフライパンの底を当てて冷ます。
5. 内側にオーブンシートを巻いたセルクルを4に置いて生地を半分くらいまで流し入れ、弱火で10分ほど焼く。セルクルだけ取り外して裏返し、反対側も5分ほど焼く。串などを刺して生地が付いてこなかったら出来上がり。

ホットケーキを食べるときに思い出してほしいこと。

市販のホットケーキミックスの箱に入っているのは、メープル「風」シロップ。似たような風味は付いていますが、本物と比べるとその差は歴然としています。できれば、本物のメープルシロップでいただきたいですね。

パンケーキのパンは「フライパン」のこと。フライパンで簡単に作れることが、その名の由来です。

メープルシロップはサトウカエデという木の樹液が原料。採取できる時期は春先のわずか10～20日間だけで、1ℓのメープルシロップをつくるには40ℓの樹液が必要になります。

カフェオレ

カフェオレはフランス語、カフェラテはイタリア語、
日本ならコーヒー牛乳。
今は呼び名以上に、味や淹れ方はさまざまです。
「カフェオレ」は、ドリップコーヒーとミルクの割合は半々。
「カフェラテ」は、高圧で抽出したエスプレッソ2割と、
スチームミルク8割です。
この他にもエスプレッソに、
泡立てたミルクを加えた「カプチーノ」、
泡立てた生クリームをのせた「ウィンナコーヒー」、
泡立てたミルクを少し加えた「カフェ・マキアート」、
ココアパウダーを加えた「カプチーノ・コン・カカオ」。
カプチーノにキャラメルシロップを
加えた「キャラメル・カプチーノ」、
ヘーゼルナッツシロップを加えた
「ヘーゼルナッツ・カプチーノ」
…どれもコーヒー牛乳の味違いです。

おいしいカフェオレは濃いコーヒーを淹れるところから

牛乳を水で薄めるとおいしくないですよね？ おいしいカフェオレにするには、コーヒーをなるべく濃く淹れるのがポイントです。

そのためにまずは、豆の量を増やします。通常、コップ1杯の水にスプーン1杯の豆を入れていたら、カフェオレ用にはスプーン2杯の豆を入れる、という具合です。

お湯をゆっくり注ぐことでも、コーヒーは濃くなります。コーヒー豆をお湯が通過する時間が長ければ長いほど、成分が多く抽出されるからです。少し注いだら、ひと息休んで、また少し注ぐという具合に、のんびり淹れるのがコツ。ドリッパーの穴の大きさもお湯が落ちるスピードに影響します。カフェオレには、なるべく小さい穴のタイプを選ぶとよいでしょう。

ニセモノの酸味に注意！

コーヒーの酸味には、良い酸味と悪い酸味があります。良い酸味とは、フルーツの酸味のようなさわやかなもの。悪い酸味とは、コーヒー豆が酸化してしまった味のこと。コーヒー豆には油分が含まれるので、挽いてから時間が経つと酸化が進み、酸っぱくなってしまいます。

牛乳はさっぱりが向く

カフェオレには、乳脂肪分の高すぎないさっぱりした牛乳が合います。脂肪分の多いリッチな牛乳は、そのまま飲むとおいしいですが、カフェオレにはあまり向きません。コーヒーの風味によって、乳臭さが際立ってしまうのです。

お湯がゆっくり通るほど、
濃いコーヒーになる！
ドリッパー
さっぱり系
牛乳はリッチ
すぎるとNG！

紙のにおいが
ジャマになるかも！

フィルターの味も影響します

紙のフィルターを直接嗅いでみるとわかりますが、独特のにおいがあります。コーヒー豆を入れる前に、一度湯通しを済ませてにおいを取っておくと、より澄んだ味わいに。漂白されたものより、無漂白の方がにおいが強いといわれます。

カフェオレ用は
穴は小さめがいい！

●●●●…早い
●●●●…ゆっくり
●(1つ穴)…もっとゆっくり

豆がおいしければ
最後の一滴まで美味！

最後の一滴まで入れてはダメ？

雑味が出るので、最後の一滴はカップに落とさないほうが良いという説があります。しかしこれは、質が良くない深煎り豆の話。浅煎りで上等なコーヒー豆を手に入れたら、最後の一滴までしっかり入れた方がおいしくいただけます。

今日から語れる

コーヒーの豆知識

世界中で飲まれているものだから、
雑学やトリビアは
尽きることがありません。
こだわりの人も苦手な人も、
ここでちょいと豆知識、
つまみ食いしていきませんか？

カフェオレボウルはなぜ大きい？

フランス人は、朝食のパンをカフェオレに浸しながら食べるから大きい器を使います。コーンフレークに牛乳をかける感覚で、浸したパンをスプーンですくって食べることもあるよう。ヨーロッパでは、食器を持ち上げる習慣がないことから、取っ手もついていません。

種子
ここがコーヒー豆になる。生豆は薄い緑色。
パーチメント
種子を守る硬い殻。
コーヒーの実
ミューシレージ
粘液質のぬめりで、甘みがある。
果実
実の状態が似ていることから、チェリーとも呼ばれる。ほのかな甘みがある。
銀皮
シルバースキンとも呼ばれる、ごく薄い皮。焙煎の途中ではがれたり、燃えたりしてなくなる。

おいしいコーヒーは動物のフン!?

「コピ・ルアク」という幻のコーヒー豆があります。世界一とも謳われる高貴な香りだそうですが、実はこれ、ジャコウネコのフンに混じったコーヒー豆を集めたもの！

ジャコウネコは、熟したコーヒーの実が大好物。中の豆だけが消化されずに出てくるわけですが、体内で胃液や酵素などの働きを受け、独特の香味が生まれると考えられています。

ジャコウネコ以外にも、ジャクーというキジの仲間、ゾウ、サル、タヌキのフンに混じっていた豆で作るコーヒーがあります。一体どんな味がするのでしょう？ 飲んでみたいような、飲んでみたくないような……。

純喫茶とはなんぞや？

古きよき昭和の雰囲気を醸すのが純喫茶と思われがちですが、本来の定義は酒類を扱わない喫茶店のこと。

大正時代、社交場として喫茶店が流行し、次第に現在のバーやクラブのような業態の店も増えていきました。それらと区別するために「純喫茶」という呼称が生まれたのです。

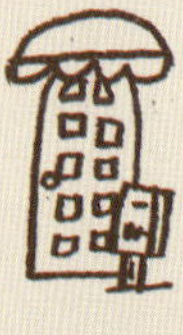

見知らぬ人に一杯を贈る

イタリア・ナポリには、裕福な人がバールの会計でコーヒー1杯分多く支払い、貧しい人に使ってもらう「ソスペーゾ」という習慣があります。これは第二次世界大戦中に生まれた習慣で、一度は廃れましたが、近年の不況で見直されつつあります。

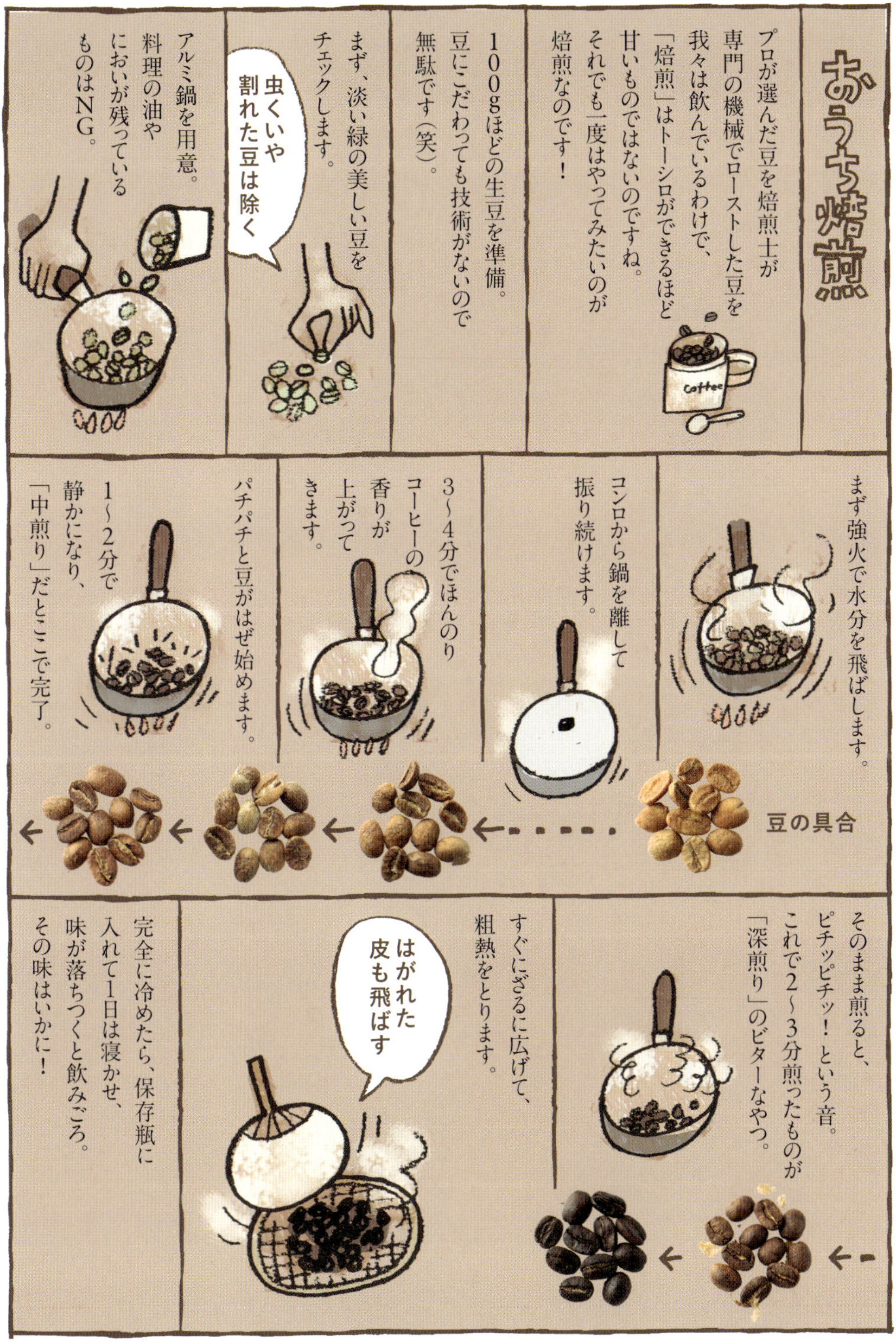
おうち焙煎
プロが選んだ豆を焙煎士が専門の機械でローストした豆を我々は飲んでいるわけで、「焙煎」はトーシロができるほど甘いものではないのですね。それでも一度はやってみたいのが焙煎なのです！
coffee
100gほどの生豆を準備。豆にこだわっても技術がないので無駄です（笑）。
まず、淡い緑の美しい豆をチェックします。
虫くいや割れた豆は除く
アルミ鍋を用意。料理の油やにおいが残っているものはNG。
まず強火で水分を飛ばします。
コンロから鍋を離して振り続けます。
3〜4分でほんのりコーヒーの香りが上がってきます。
パチパチと豆がはぜ始めます。
1〜2分で静かになり、「中煎り」だとここで完了。
豆の具合
そのまま煎ると、ピチッピチッ！という音。これで2〜3分煎ったものが「深煎り」のビターなやつ。
すぐにざるに広げて、粗熱をとります。
はがれた皮も飛ばす
完全に冷めたら、保存瓶に入れて1日は寝かせ、味が落ちつくと飲みごろ。その味はいかに！

あんみつ

あんみつは、「みつ豆」から生まれた甘味。洋食文化が開花した明治中ごろに、銀座で発明された西洋風スイーツでした。さいころ状の寒天と赤えんどう豆、みかんやりんごのフルーツを飾って、そこに黒蜜をかけたものが「みつ豆」。これが原型といわれています。その後にあんこを盛って「あんみつ」が大人気となりました。甘味屋さんの和風のデザートだと思っていましたが、寒天の透明感やフルーツの華やかさからレトロな西洋文化を見ることができます。

さくらんぼの柄を口の中で結べたらキス上手…♡
洋菓子の甘みより圧倒的にヘルシー！
3
こうなる!!
2
こうなって
これが
1

さくらんぼ
シロップ漬けのさくらんぼ。鮮やかな赤い色であんみつが華やぎます。

あんず
英語ではアプリコット。奥深い酸味が黒蜜とよく合います。

黒蜜
黒糖と水を煮詰めて作るシロップ。

寒天
海藻が原料で食物繊維が豊富。ゼリーと違って常温になっても溶け出さない。

寒天ができるまで

天草
寒天の原料は、日本各地の海に自生している海藻。種類によって硬さや粘りが異なるので、ブレンドしてあのツルツル感を出すそうです。

→P107で製造工程をくわしく解説!

夏に食べたい ヘルシー和菓子

あんみつは、みつ豆にあんこを盛ったもののこと。さいころ状の寒天とゆでたえんどう豆、あんこ、黒蜜が基本の材料ですが、フルーツや白玉、求《ぎゅう》肥《ひ》などを添えるのが一般的。アイスクリームを添えるクリームあんみつもありますね。

あんみつの大部分を占めるのは、寒天。ゼリーに似ていますが、さっくりとした歯ざわりが特徴です。ツルツルッとたくさん食べられてしまいますが、心配無用。材料は海藻と水だけなのでカロリーはほとんどなく、食物繊維がたっぷりでお腹の掃除もしてくれます。

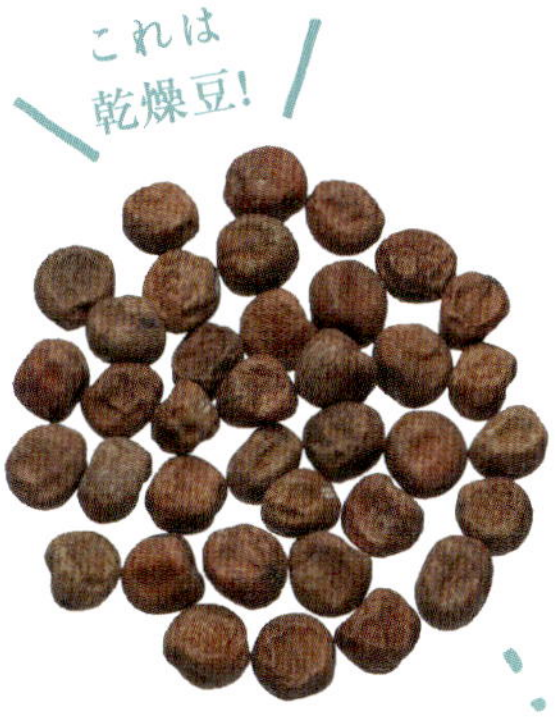

えんどう豆

豆がおいしいあんみつは本物。おいしい豆はふっくら香り良し。

あったか〜い お茶によく合う〜

白玉

もちもちでおいしいやつ。ツルッとのどに詰まらせないよう注意。

お茶

お茶に含まれる抗酸化成分「カテキン」の効果は、数時間しか持続しないので、こまめに摂るのがよいでしょう。

白玉の作り方

和菓子でよく使われる白玉は、もち米の粉から作られます。水を混ぜ込んでゆでるだけと、結構簡単に作れてしまうので是非お試しあれ!

作り方

1 白玉粉と同量の水を用意する。ボウルに白玉粉を入れて水を1/3ほど残して加え、手で混ぜ合わせていく。
2 まとまってきたら力を入れて練り合わせ、少し水を足して耳たぶくらいの硬さになるまでよくこねる。
3 生地を棒状に伸ばし、白玉1個分ずつちぎっていく。
4 だんご状にまとめ、中央を指で軽く押さえて平らにする。
5 鍋にたっぷりの湯をわかし、だんごをそっと入れる。だんごが自由に泳ぐよう、一度にたくさん入れすぎないこと。
6 くっつかないように軽く混ぜながらゆで、浮き上がってからさらに1分ほどゆでたら氷水にとって冷やす。水気をきって出来上がり。

旅する寒天は海から山へ

原料は海で採れる海藻ですが、寒天の製造は寒さの厳しい山で行われます。

寒天は天然のフリーズドライ食品。海藻を煮溶かして作ったところてんを、山の冬夜で凍結、日中の日差しで解凍させることを約２週間も繰り返します。これによって徐々に余分な水分と、水溶性の不純物が取り除かれ、純度の高い寒天になっていくのです。

この製法は日本で発明されたもので、およそ３５０年の歴史があります。

現在は工場での生産が多くなりましたが、本来の寒天は、海の原料を山まで運び、時間をかけて乾燥させるという、非常に時間と手間のかかる食材なのです。

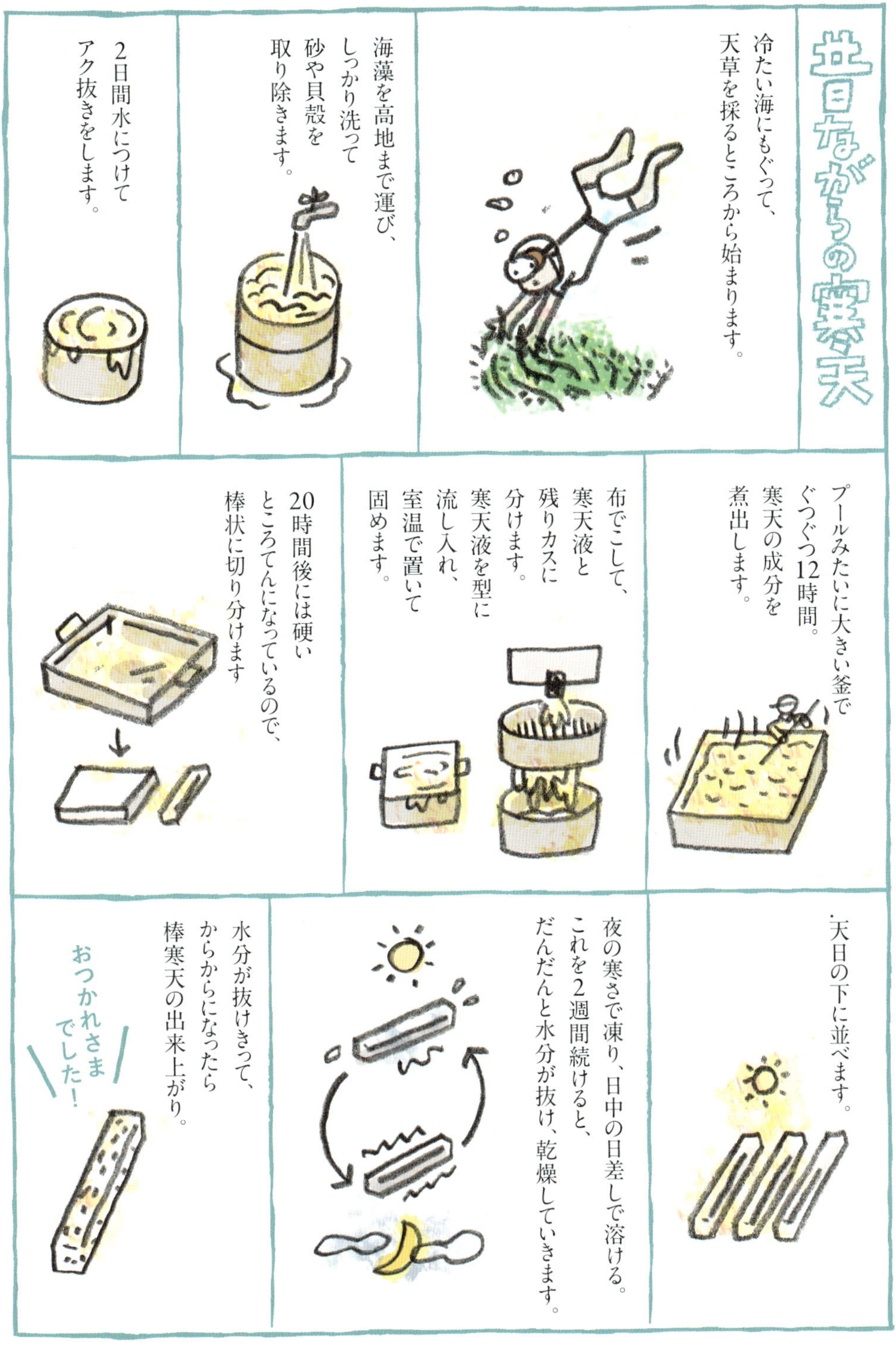
昔ながらの寒天
冷たい海にもぐって、
天草を採るところから始まります。
海藻を高地まで運び、
しっかり洗って
砂や貝殻を
取り除きます。
2日間水につけて
アク抜きをします。
プールみたいに大きい釜で
ぐつぐつ12時間。
寒天の成分を
煮出します。
布でこして、
寒天液と
残りカスに
分けます。
寒天液を型に
流し入れ、
室温で置いて
固めます。
20時間後には硬い
ところてんになっているので、
棒状に切り分けます
天日の下に並べます。
夜の寒さで凍り、日中の日差しで溶ける。
これを2週間続けると、
だんだんと水分が抜け、乾燥していきます。
水分が抜けきって、
からからになったら
棒寒天の出来上がり。
おつかれさまでした！

メロン

昔は、表面にネットをかぶったようなマスクメロンは、高級フルーツの代名詞で、ご贈答か入院のお見舞い、とんでもない出来事がない限り、口に入ることはありませんでした。現在は、同じようなネットのメロンでも、量産できる品種が増えて、手軽な価格のメロンも多くあります。

大切なのは、実が熟して糖度が最高になったあたりで食べること。お尻が少しやわらかくなったころが食べごろです。

食べ惜しみをして飾っておくと、温度の上昇とともに果肉がアルコール発酵して、舌がピリピリすることがあります。これを「電気メロン」と呼ぶ人もいるようですが、マンゴーでも同じ現象があります。

食べごろを見失わず、最高のタイミングの断面でおいしさを楽しみたいものです。

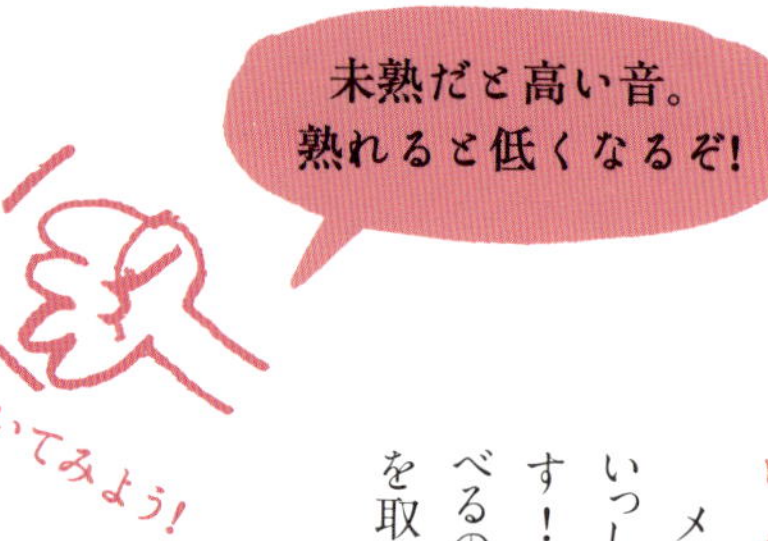
未熟だと高い音。
熟れると低くなるぞ!
叩いてみよう!

ちょっと待った! ワタは捨てちゃダメ

メロンで一番甘いのは、種の周りのワタ。種といっしょに捨ててしまうのはもったいなすぎます! そのまま口に入れて種を出しながら食べるのももちろんいいですが、ざるで濾して種を取り、メロンジュースにしてもおいしいですよ。

聞けば納得? メロンが高いワケ

メロンの網目は、皮の成長が果肉の成長に追いつかずに裂け、かさぶた状になったもの。太く、細かく走った網目は、それだけ中身が充実しているという証拠です。

たっぷりの栄養を与えるため、1株につけられる果実は1つだけなので、どうしても高級品になってしまうのです。

枯れ具合で熟度を知る

メロンのつるは、高級感の演出のためについたまま出荷されます。あってもなくても品質に影響はありませんが、軸が太く、上のつるが細く枯れているものがおいしいといわれます。

枯れてたら
熟してるサイン！
ここが
甘い!!
欧米人は、
種まで食べちゃう人が
多いのだ

赤肉種

赤肉種の横綱は「夕張メロン」でしょう。甘みよりも、味や食感などバランスの良さが評価される品種です。

青肉種

高級品種の代表は「アールスメロン」。手軽な「アンデスメロン」や「アムスメロン」があります。ちなみにアンデスは、南米の品種ではなく「安心なメロンです」。これを短くしたのデス。

オレンジ色の果肉

果肉がオレンジ色のものは「赤肉種」と呼ばれ、その色は緑黄色野菜にも含まれるカロテンによるものです。青い果肉のメロンに比べてまろやかな甘みが特徴で、特有の香りもあります。

お尻が甘い！

メロンは底の方から熟して、甘くなっていきます。また、日によく当たった部分は少し張り出していて、種の周りと同じくらい甘いといわれます。

ジュルルッ

みんなには教えたくない!?

フルーツの甘い場所♡

フルーツは、食べる場所によってかなり甘みが違うと感じたことはありませんか? 日光がよく当たる部分、先に熟していく部分などは甘みが強いのですが、どこが甘くなるかは果物によって異なります。

これを知っておけば役立つこと間違いなし。みんなでフルーツを食べるときに甘い部分をひとり占めするか、みんなにゆずって人徳を得るかは、あなた次第……。

ぶどう

よく日に当たる上の方が甘い。

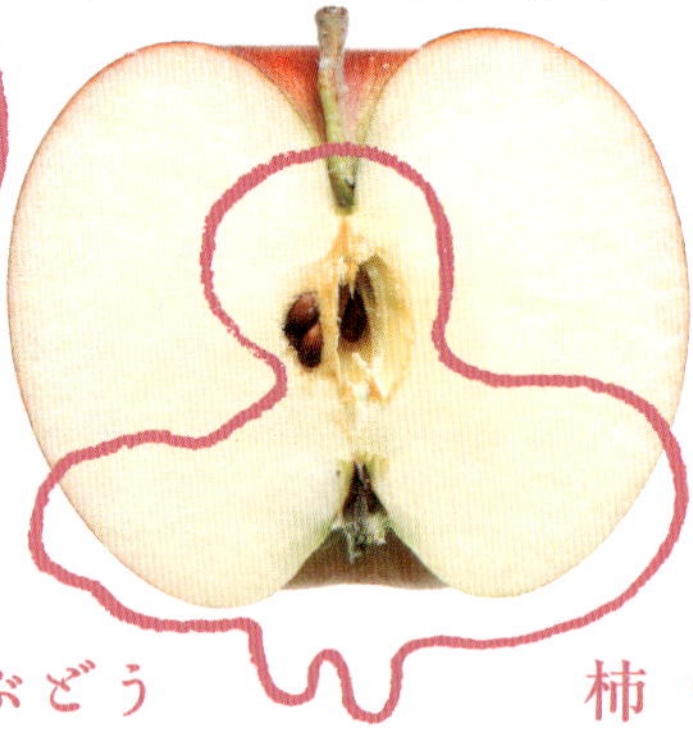

りんご

種の周りとおしりの部分が甘い。

いちご

下の方ほど甘い。

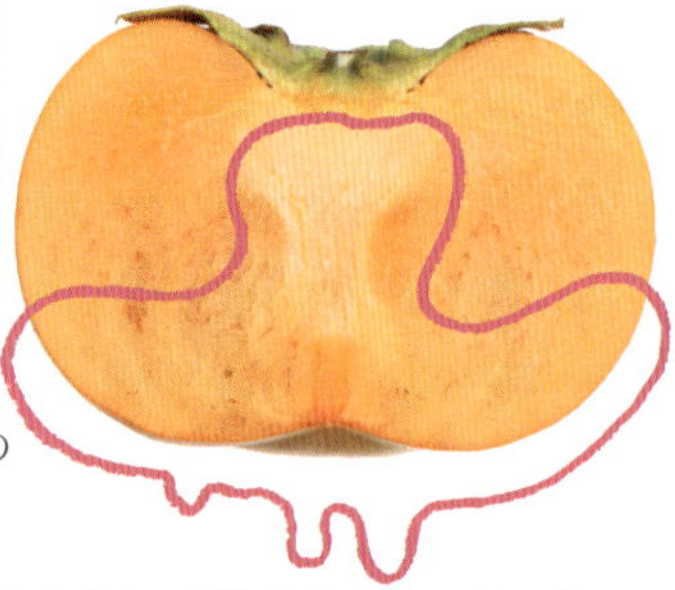

柿

おしりと、種の周りが甘い。

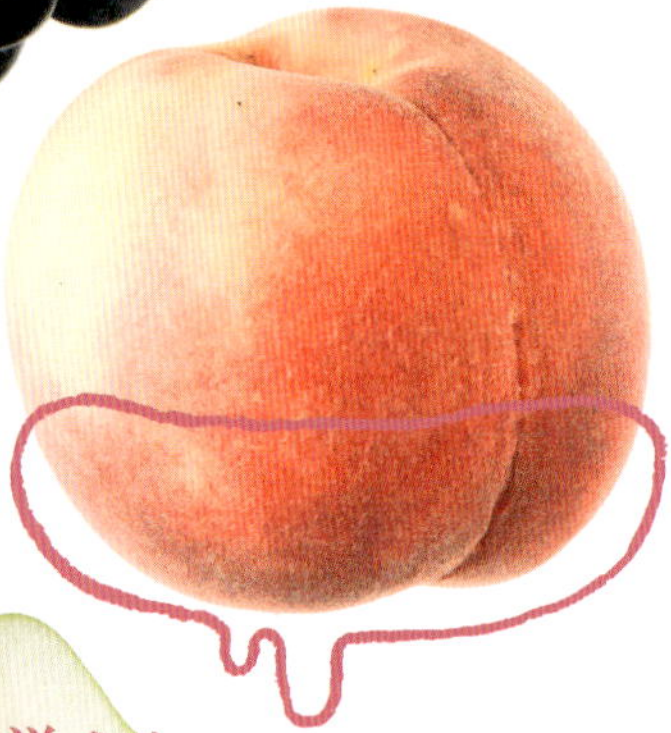

もも

下にいくにつれて甘くなるが、種の周りは酸っぱい。

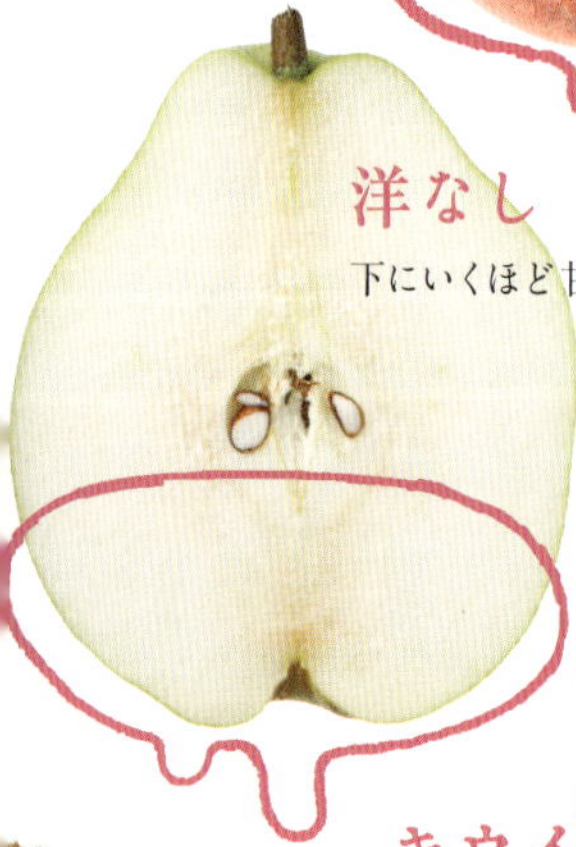

洋なし

下にいくほど甘い。

キウイ

下の方ほど甘い。

バナナ

先の方が甘い。

すいか

果実の中心と、よく日に当たって張り出した部分が甘い。

絶妙な組み合わせ

広島のお好み焼き

大阪風と広島風、どっちが好き？という、
仁義なき粉もんの戦いは、決着を見ないまま
鉄板と同じくらい冷める様子がありません。
ポータルサイトのアンケートでは
「広島優勢」の声もありますが、
後発の広島風がなぜ人気を集めているのでしょう？
これはローカルな食文化といった、
地域限定の論争ではなく、材料が混ざっているのか、
重なって独立しているのか、この好みの違いにあるようです。
混ぜて焼く関西風、重ねて焼きたい広島風。
材料や味付けのソースにも大きな差はないので、
食べ方、味わい方の好みなのでしょう。
後発の広島風は、戦後の焼け跡から生まれた食で、
昭和の街角には簡素な店舗で、
おばちゃんが一人で商う店が多くありました。
広島風は、鉄板で焼いてもらうもので、
店なりの技術やこだわりがあります。
つまり断面を見ると、職人が作りあげた層に
人気の差があるように見えます。

若者はマヨネーズも!
大阪風よりソースはちょい甘め!
卵
油で麺の表をパリッとさせる
中華蒸し麺
豚の脂がしみてウマイ!
豚バラ
上

鉄板の上はまるで劇場！

広島風のお好み焼きは、お店で焼いてもらうのが一般的。店員さんが焼き上げる、鮮やかな手つきを見ていれば、待ち時間はあっという間です。

まず、鉄板に薄い生地を伸ばしたかと思うと、次にのせるのはどっさりキャベツ。文字通り山のように積まれたキャベツは、果たして形になるのかと不安になるほど。そして、流れるようにもやし、いか天、豚バラなどをのせたらつなぎの生地を回しかけ、ひっくり返します。その間に中華麺を焼きます。広島風といえば中華麺がマストと思われがちですが、必ず入っていなきゃいけない決まりはありません。お腹がすいていなかったら、中華麺抜きの注文もよくあること。

そうこうしているうちに、先ほどのキャベツがしんなりして高さは半分以下になっているので、これを中華麺の上にのせます。鉄板に割り落とした卵をへらでグチュグチュッと広げてお好み焼きをのせ、最後にひっくり返したら出来上がり。

生地が軽いのでさくさく食べられてしまいますが、どっさり野菜と中華麺のおかげで、食べ終わるころにはもう何も入らないほどお腹いっぱい!?

青ねぎ
いか天
いか天は広島焼きの味の要！
もやし
キャベツともやしの水分で蒸し焼きになるんだ
キャベツ
かつお節粉
生地

いか天が味の決め手
いかのうま味と油のコクが、お好み焼きの味のベースになります。これが入っているといないとでは、大違い！ いかのうま味入りの天かすもよく使われます。

ある大阪人のつぶやき

広島人は、「混ぜ焼き」いうて馬鹿にしとるみたいやけど、全国的に見たらこっちの方がメジャーやで。

だいたい、広島焼きは焼き方がややこしゅうてかなわん。生地広げるやとか、次はキャベツやとか、いか天のうま味がええとか、薄焼き卵がどないしたとか、そんなもん口に入ったらいっしょなんちゃいますのん?

あとな、ソースが甘いのんもアカン。お好みはごはんのおかずやろ? あんな甘かったらおかずにならへんやん。

なんや、よう知っとるって? てつ……敵情視察や!

生地までだしがたっぷりやで
山いも入りの生地はふわふわ! たまらんわ〜

大阪風 VS 広島風

青ねぎをのせることも
一番上は卵

ある広島人の反撃

なんかずいぶん詳しいみたいじゃね。でも、うちらのお好み焼きを「広島焼き」なんて呼ばんといてくれる? こっちが本当の「お好み焼き」。ホットケーキみたいな「混ぜ焼き」といっしょにされたらたまらんわ!

それに、口に入れたらいっしょって、何いうとんね! 全然違うじゃろ! たっぷりのキャベツは蒸し焼きにされることで甘みが出るし、パリッと焦げ目が付いた麺の食感もおいしさのうち。この違いがわからんなんて、まだまだお子ちゃまじゃね〜。

今度、ぶちおいしいお好み焼きを作ってあげるわ。いっぺん食べてみんさい!

＼ちょっと失敗くらいがたのしい！／

広島のお好み焼きの焼き方

1 生地を流す

油をしいた鉄板に生地を薄く伸ばし、かつお節粉をふりかける。

2 キャベツをのせる

どんぶり1杯くらいの山盛りキャベツをのせる。

3 他の具材を重ねる

もやし、いか天、青ねぎ、豚バラ3枚を重ねたら、つなぎの生地を回しかける。

4 ひっくり返す

大きなへらを使って一気にひっくり返す。こぼれたキャベツは中にしまう。

5 中華麺を焼く

キャベツを蒸し焼きにしている間に中華麺を焼き、その上に生地を重ねる。

6 卵を焼く

卵を割ってへらで丸く広げる。固まり切らないうちにお好み焼きをのせ、またひっくり返す。

7 ソースをたっぷり塗る

卵の表面にソースをたっぷり塗り、好みで青のり、ねぎをかける。

8 熱いうちに食べる

口に入るサイズに切って食べる。こぼれたキャベツも残さず食べるべし！

みそ汁

おふくろの味、この不動の座を譲らないのはみそ汁でしょうか？ ごはん離れが進み、みその消費量も年々減少しているのは確か。食事にみそ汁を必要としない人々が増えているとも考えられます。

日本人がみその味に飽きたとか、減塩ブームが加熱したわけではありません。この理由はわかめ、豆腐、油揚げ…そんな定番具材がレギュラーメンバーの時代が終焉《しゅうえん》を迎えているからかもしれません。

「おかあさん、今日はミニトマトだね！」と、歓声が起こる食卓。赤い実がみそスープの中に浮かぶこともアリです。

ベースになるうま味のあふれるみそスープは、どんな具材も受け止める包容力があるのですから。キャベツやベーコン、アボカドだって問題ありません。みそスープの中を想像してください。

断面という視点から見ると、未体験の具材を試してみたい気分になるはずです、きっと。

木綿はタンパク質が多いけど、絹はビタミンがたっぷり！
木綿豆腐
あったか〜いアボカドはとろけるうまさ！

ネオみそ汁 No1

アボカド×豆腐

アボカド

森のバターともいわれ、油脂をたっぷり含むのでコクが出ます。みそとの相性も◎。

アボカドと豆腐は温めるだけでOK!

アボカドと豆腐のみそ汁

だし汁に好みのみそを溶き入れる。皮と種を取ってひと口大に切ったアボカド、さいころ状に切った豆腐を加えて、沸騰直前まで温めたら出来上がり。

1丁は何グラム？

実は、豆腐の1丁に大きさの決まりはありません。都市部で多いのは300〜350gのもの。地方ではやや大きめの傾向があります。最近では一人用に小さなパックも増えましたが、これも1丁。沖縄では1丁1kgほどの豆腐が売られています。

みそ汁の3大要素は うま味・コク・香り！

料理の味を表現するときによく用いる言葉、「うま味」「コク」「香り」。正直なところ、意味をよくわからずに使っていませんか？

「香りはなんとなくわかるけど、うま味って、"うまい"とは違うのか？ コクって、そういえばなんだろう？ こっくり？ 濃い感じ？」

改めて考えると、結構あいまいな捉え方をしているものです。でも、「うま味」も「コク」も「香り」も決して捉えどころのない概念ではなく、料理の味を分解してみると、れっきとした"味"として存在していることがわかります。みそ汁を例に、それらの味に迫ってみましょう！

うま味の話

まず、「うま味」はみそ汁でいうところの「だし」。その正体はアミノ酸です。

人間の舌には塩味や酸味を感じるように、アミノ酸によってうま味を感じる器官があります。このアミノ酸をたくさん含むのが、だしのもとになる食材。昆布やかつお節、にぼしなどです。

次ページにつづく

ベーコンの脂がしみ出てコクになる！
キャベツの甘みもだしになる！
ネオみそ汁 No2
ベーコン×キャベツ

ベーコン
ベーコンにはうま味がたっぷり。油のコクもプラスしてくれます。

キャベツとベーコンのみそ汁

ベーコンは、好みの大きさに切ってフライパンで焼き目が付くまで炒めておく。だし汁にひと口大にちぎったキャベツと炒めたベーコンを入れて火にかけ、ひと煮立ちしたらみそを溶き入れる。再び温めたら出来上がり。

卵

沸騰したお湯をぐるぐるとかき混ぜて渦を作ってから卵を落とせば、白身が散らばりません。5分ほどゆでれば半熟、7分で固ゆでになります。

トマト

トマトにはうま味成分のアミノ酸が豊富に含まれ、いいだしが出ます。

トマトについて詳しくは
→92〜95ページ

卵を入れれば
完全栄養食になるよ!

トマトのだしは
かつお節と合わさると
うま味倍増!

ネオみそ汁
No3
卵
×
トマト

前ページのつづき

また、うま味物質のアミノ酸には種類があり、異なる種類のアミノ酸を組み合わせることで相乗効果的にうま味が強くなる性質があります。かつお節だけよりも、昆布との合わせだしをおいしく感じるのは、そのためです。

コクの話

「コク」は食べものだけでなく、コーヒーやビールなどの飲みものにもよく使われる表現ですが、「量感」といい換えるとわかりやすいです。いろんな味や風味が含まれた複雑さ、油脂などによる満足感が、コクの正体。

料理のコクが足りないと感じたら、油脂を足すと手っ取り早く解決できます。みそ汁は油の少ない料理ですが、油揚げや揚げなす、バターなどを入れると途端に充実した味わいになります。

トマトと落とし卵のみそ汁

だし汁にミニトマトを入れて火にかけ、沸騰したら卵を割り入れる。5分ほど沸騰したまま加熱したら火を止めてみそを溶き入れる。再び温め、最後に小口切りにした万能ねぎを散らして出来上がり。

すり鉢でもっとおいしく!

みそ汁をレベルアップさせたいときは、みそをすり鉢でよ～くすってから加えてみてください。香りが開いて一気に華やぎ、舌ざわりもなめらかになります。

ぷくぷく沸騰させると、豆乳が分離しちゃうから気を付けて!

ネオみそ汁 No4

豆乳 × さつまいも

香りの話

最後に「香り」。これは、鼻で感じる味のことです。風邪をひいたときにつくづく思うのですが、鼻が利かないと何を食べてもおいしくありません。香りは、酸味や甘みなどの味覚と同じくらい、もしくはそれ以上に、料理にとって大切なものです。

みそ汁の場合は、みその香りが命。みそには微量のアルコールが含まれているため、沸騰させると香りが飛んでいってしまいます。決して沸かさず香りを残すことができれば、みそ汁はほとんど成功といっていいでしょう。最後に、ゆずの皮や三つ葉、刻んだねぎなどの吸い口を添えればいうことありません。

さつまいもの豆乳みそ汁

いつものみそ汁の半量のだし汁に、さいころ状に切ったさつまいもを入れて火にかけ、やわらかくなるまで煮る。だし汁と同量の豆乳を加え、みそを溶き入れて沸騰直前まで温めたら出来上がり。

ハンバーガー

昭和40年代から、日本人はMドナルドのそれがハンバーガーだと思っていました。海の向こうのアメリカ人は、こんなファストフードを毎日食べているのだと、「可哀想なアメリカの人たち」そう勘違いしていたのです。フライドポテトといっしょに鉄板にのったハンバーグと、紙袋に入ったハンバーガーの区別もあいまいな私たちの認識では、これはもっともな話であります。近年、米国の本格高級ハンバーガーショップが続々日本に出店し、これは平成の黒船上陸にたとえられるくらい、えらいこっちゃなのです。しっかりした粗びき赤味肉はカリッと焼かれ、チーズ、トマト、レタス……好みの組み合わせは、まさに大人の味覚。Mドとは別世界の食べものでした。この断面は、Mドとお付き合いした約40年間から目覚めさせる、リアルガチなアメリカンの断面です。

ぷるぷる
目玉焼き
アボカド
こんがり
ベーコン
スライスオニオン
フレッシュトマト
ダブルのチーズもおいしい!
モッツァレラ
チェダー
こぼれたバーガーソースを付けながら食べよう!
粗びきパテ
皮付きポテト
バンズ(ヒール)

重ね順でも味が変わる!?

同じ具材を使っていても、重ねる順番によって味が変わります。最初に舌に触れる下の層に肉を入れると、ガツンとした印象に。逆に、野菜を下、肉を上にするとあっさりとした味わいになります。

パテであって ハンバーグではない！

少し前までハンバーガーというと、ファストフードの代名詞的存在。しかし、近年のグルメバーガーブームによって、今では立派な料理として認知されるようになりました。

こだわりが最も現れるのは、やはりパテ。ハンバーガーのパテは、ハンバーグではありません。牛肉100％で卵やパン粉などのつなぎは使わない、ぎっしりした歯応えが基本。そのまま食べると塩味をきつく感じますが、パンや野菜といっしょに食べることでバランスが取れるよう計算されています。

バンズ（クラウン）
シャキシャキ レタス

上のバンズは 英語でクラウン（crown）
アボカドはすべって 落ちやすいから要注意！
黄身がしみこんで おいしそう！
下のバンズは ヒール（heel）。 悪役じゃないよ！
肉汁が パンにしみこむ～

ハンバーガーを美しく食べるということ。
それはすべてに感謝するということ。
by 断面協会

分厚いハンバーガーの上手な食べ方

1 **袋にバーガーを入れる**

袋の下の部分を上に折り返し、ハンバーガーを入れる。

2 **まず3口食べる**

軽く押しつぶすように持ち、3口くらい食べる。

3 **ソースを付けながら食べる**

ときどきバーガーを回しながら、袋の下にたまったソースや肉汁をつけていっしょに食べる。

4 **残ったソースにポテトを付ける**

ソースを付けながら食べ進めてバーガーが食べ終わったら、残ったソースはポテトに付けて食べる。

ハンバーガーの脇役図鑑

ハンバーガーの基本セットといえば、バンズとパテ、トマト、レタス、玉ねぎ。もちろんこれだけでもおいしいのですが、いろんなトッピングが選べるとなると追加せずにはいられません。口のサイズとおサイフが許す範囲で、お好きなものをどうぞ。

目玉焼き

黄身を一滴も漏らさず食べたいところですが、それは至難のワザ!

ピクルス

強い酸味が肉の脂をさっぱりさせてくれます。

アボカド

とろける食感で、全体の味をまろやかにまとめます。

ベーコン

強力なうまみのもと。カリカリに焼くもよし、やわらかくとどめるもよし。

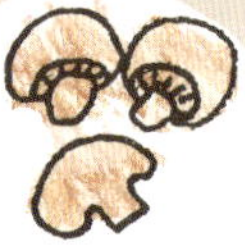

マッシュルーム

きのこはうま味の宝庫! 食感のアクセントにもなります。

パイナップル

ハワイアンバーガーでは定番の具。酸味と甘みが肉に合います。酢豚のパイナップルが好きな人はハマるかも!

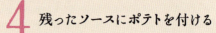

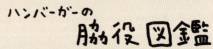

究極のハンバーグパテ

材料（4枚分）
牛サーロイン肉…230g
牛肩肉…120g
牛すね肉…120g
塩…小さじ1と1/2
粗びき黒こしょう…適量

1 冷蔵庫から出したての冷たい肉を包丁で細かく叩く。

2 1と塩半量をボウルに入れ、粘りが出るまでよく混ぜる。体温で温まらないように注意。

3 円盤型に成型し、両面に残りの塩とこしょうをふる。

4 フライパンをよく熱して3を置き、こんがりと焼き目がついたら裏返し、裏面も焦げ目がついたら出来上がり。

ベーグル

おしゃれなベーグル屋から、ベーグルもどきの軟派なチェーン店まで、いまやどこでもベーグルを食べることができます。日本では30年ほど前に六本木のテレ朝通りにあった「FOXベーグル」が発祥の店のひとつだと思われます。もっちり、ズドンの存在感は、日本の菓子パン文化とは一線を画し、異文化をかみ締めるものでありました。シンプルなクリームチーズが最高なのですが、断面萌えのため豪華にはさんでみました。

唯一の食感のヒミツ

パッツリ張った皮と、もちもち食感がベーグルのアイデンティティー。バターや牛乳、卵など動物性の材料を使わず、他のパンにはない〝ゆでる〟という工程が独特のパンです。

通常のパンは、発酵した生地が焼くときに大きく膨らみます。ところがベーグルの場合は、ゆでるときに生地が膨らむと同時に表面が糊化《こか》し、焼いてもそれ以上膨らまなくなるのです。これが、パッツリもちもち食感のヒミツです。

NY朝食の定番!
外はパリパリ!
中はもっちり。
たっぷりクリームチーズがおいしい!
クリームチーズ
アボカド
ミニトマト

形のヒミツ

オーストリアのパン職人が、馬の鐙（あぶみ）の形に作ったといわれています。

生みの親はユダヤ人

ベーグルは、東欧のユダヤ人が作り始めたパン。これが20世紀になって米国で広く食べられるようになりました。卵や牛乳を使わない「清浄食」なので、ヘルシー志向のニューヨーカーが飛びついたのだそう。

小さな飲み口は
ヤケドに注意!
アメリカンは
浅煎りの豆でね
マッシュポテト

クリームチーズとぴったりのわけ

ベーグルの原料は小麦粉、砂糖、塩、酵母菌だけ。動物性の材料を一切使っていないので、はさむ具はクリームチーズなどのこってり動物性のものが合うのです。

日本では、薄く淹れたコーヒーを「アメリカン」と認識している人が多いですが、本来は浅く焙煎した豆で淹れたコーヒーのこと。アメリカでは焙煎による煙のクレームが多かったことから、浅煎りが広く飲まれるようになったとか。

かむほどにおいしい
ハード系 パン図鑑

ふわふわ、ふっくら、しっとり……。
パンの宣伝文句って、やわらかさを
アピールするものばかりな気がします。
しかし、パンの魅力は
やわらかさだけではありません。
かめばかむほど深まる味わいも、
おいしさのひとつだと思いませんか?
ここでは「もちもち」「バリバリ」「ぎっしり」、
ちょっぴりあごが疲れるけれど、
おいしさがギュギュッと詰まった、
ハード系のパンに
スポットライトを当ててみました。

弾力がスゴイ!

もちもち系

Gebreck

ゲブレック

ブルガリアのパンで、ベーグル同様一度ゆでてから焼くのでもちもちとした食感になります。ベーグルより甘く、お菓子として扱われることも。

Pretzel Bagel

プレッツェルベーグル

プレッツェルの香ばしさと、ベーグルのもちもち感を併せ持つ。

ブブリク

ロシアのパンですが、製法がベーグルによく似ています。

皮が硬いぞ!

バリバリ系

シャンピニオン

シャンピニオンとは「きのこ」の意。フランス系パンで、上のカサの部分と丸い部分の食感が異なるのが楽しい。カサの部分だけ取って器として使うこともあります。

champignon

Pain de campagne

パン・ド・カンパーニュ

名称は「田舎のパン」という意味で、バゲットに比べれば皮がやわらかい。粉と塩、水だけで作られ、焼きたてより冷めてからの方がおいしいです。

バゲット

硬いパンの代名詞。名前には「棒」とか「杖」という意味があります。太さ・長さに応じて「パリジャン」「フルート」「フィセル」など呼び名が変わります。

Baguette

中身が詰まった

ぎっしり系

ロッゲンブロート

いわゆるドイツパンで、ライ麦の割合は90～100%。ライ麦の割合が多いほど膨らみにくくなり、食感も硬い。

Weizenmischbrot

ヴァイツェンミッシュブロート

ライ麦の割合は20～40%。独特の酸味は控えめですが、ライ麦の香ばしさが味わえる。

Roggenmischbrot

ロッゲンミッシュブロート

ライ麦の割合は50～90%未満。ロッゲンブロートよりは硬くなく、酸味が苦手な人にも食べやすい。

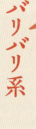

ベーグルがお店に並ぶまで

1 材料は小麦粉（強力粉）、砂糖、塩、酵母菌のみ。通常のパンよりも、かなり硬めの生地。

2 コネコネ……
分割して丸め10分ほど休ませる

3 成型して発酵

4 たっぷりの
お湯でゆでる

5 すぐに天板にのせてオーブンへ。
200℃で20分ほど焼くと
出来上がり！

天丼

天ぷらは、そば切り、にぎり寿司と並んで、江戸の三味といわれた郷土料理。

江戸前天ぷらは、東京湾で揚がったネタを香り高いごま油で揚げたものですが、米粉などを付けて揚げた料理は、古く奈良時代からあったようです。

では「天丼」はどうでしょう。江戸の街では、出稼ぎの男所帯も多く、屋台でそばや天ぷらが売られていました。火事を恐れた江戸では、油を高温に熱する天ぷらの屋内営業が禁止され、それが結果的に、屋台の天ぷらという気軽なスタイルで人気になったのです。

麺類を売る屋台の総称を「けんどん屋」といい、ここで白飯を丼に盛ったものも売られていましたが、いつしか隣の屋台の天ぷらが、この丼飯にのっかったのだそうです。

天ぷら屋台の始まりは、半平（はんぺん）の油揚げ、江戸の中ごろには、穴子や芝えびを揚げていたそうですよ。

えびの尻尾食べる?

えびの殻や尻尾にはうま味たっぷり。「もったいない」からじゃなくて、「おいしい」から食べるのです。

天ぷらには白と黒がある

白天ぷらは太白ごま油で軽いタイプ。黒天ぷらはごま油で濃いタイプ。

天丼用の衣

天丼の天ぷらはたれがよくしみこむよう、そのまま食べる天ぷらよりも衣が厚いものが多い。衣を足しながら揚げることを「花を咲かせる」といいます。

天丼のえびはなぜ真っ直ぐ?

スーパーで買ってきたえびは、焼いたりゆでたりすると丸くなるのに、天丼のえびは真っ直ぐ。不思議に思ったことはありませんか?

天丼に使われるえびだけが、特別良い姿勢なわけではありません。そのままだと腰が曲がってしまうえびが背筋を伸ばすよう「ある施術」を行っているのです。

加熱によってえびが曲がってしまうのは、お腹側の筋が収縮するから。この筋を切ってあげれば、シャキーンと真っ直ぐのえびになるのです。ただ、筋切りにはコツが必要。えびの筋は強力で、ちょこっと包丁を入れただけでは真っ直ぐになりません。

ここが職人の腕の見せどころ。何ヵ所か切り込みを入れたら指先の絶妙な力加減で、えびが切れないように繊維だけを破壊していくのです。

さらに本格的な板前さんは、包丁すら使いません。指先の感覚だけでツボを押さえて強力な筋をほぐし、真っ直ぐにしてしまうのです。さながら、えびの整体師ですね!

天ぷらは揚げものじゃない!?

達人は、天ぷらを揚げ料理ではなく「蒸し料理」だといいます。天ぷらは熱い油の中で直接熱されるのではなく、覆われた衣の中で蒸すように加熱されるからだそう。

うま味は
しっぽにあり!
えび
きす
いんげん
伸ばしたところが
よく見えますね
厚めの衣に
たれがしみこむ!
天つゆとは違う、
甘辛だれだよ!
白ごはんとの
バランスが大切!
たれのかけすぎには注意

天丼屋のたれ

天丼のたれは、ごはんがすすむ甘辛味。しょうゆ：砂糖：みりん：酒の割合は、3：3：2：2が黄金比です。

えびの背筋を伸ばす方法

1

殻をむいて背わたを取ったえびの腹側に、4〜5本斜めの切り込みを入れる。（尾から頭の方へ）

2

切り込みを入れた腹側を下にして、巧みな力加減で繊維を破壊していく。

3

背中側を下にして指にのせ、だら〜んとなっていれば成功!

天ぷらを揚げる

魚介は高めの温度でサッと揚げ、火の通りにくい根菜は低温でじっくり揚げる。

揚げ油は、太白ごま油がおすすめ。太白ごま油とは、焙煎する前の生ごまから絞った油のこと。いわゆるごま油の香りは焙煎で生まれるものなので、太白はクセがなくどんな料理にも使えるが、価格はサラダ油の3倍以上はする高級品。

天丼 の作り方

材料（1人分）

具材

- えび…2尾
- きす…1尾
- いか…30g
- かぼちゃ（5㎜厚さに切る）…1枚
- いんげん…2〜3本

衣の材料

- 卵…1個
- 水…500㎖
- 小麦粉…適量
- 揚げ油…適量

たれの材料

- しょうゆ…大さじ3
- 砂糖…大さじ3
- みりん…大さじ2
- 酒…大さじ2

具材の下ごしらえ

- えびは殻をむき、尻尾の水分をしごき出す。丸まらないよう、腹側に切り込みを入れる。
- きすは背開きにして洗い、水気を取る。
- いかは短冊切りにし、両面に格子状の切り込みを入れる。
- いんげんは、両端の硬い部分を切り落とす。

作り方

1 小麦粉はふるっておく。卵と水は冷蔵庫でよく冷やしておく。
2 小鍋にたれの材料を入れて煮立たせ、少しとろみがついたら火を止めて冷ましておく。
3 ボウルに分量の水を入れて卵を割り入れ、よく混ぜる。この卵液と同量の小麦粉を、2〜3回に分けて加え、その都度泡立て器でさっくりと混ぜる。
4 フライパンに3㎝くらいの高さまで揚げ油を入れて180℃に熱し、具材を3の衣にさっとくぐらせて、いんげん→かぼちゃ→いか→きす→えびの順で揚げる。
5 丼ぶりにごはんを盛って天ぷらをのせ、たれをかける。

魚のうま味

さんまの塩焼き

さんまのワタを食べる。
これは、大人の証明であり、
味覚の成長を見る試金石なのです。
料理法も、調味料の種類も
少なかった時代には、魚のワタは
珍味ではなく、味の幅を広げる
大切な食材だったわけです。
まぐろやかつおは、胃や腸などを
塩辛にしたものを酒盗《しゅとう》、
あんこうは、肝や内臓など
捨てる部分がないといわれるほどです。
猛毒のあるふぐ、食べても
おいしくないいわしやあじの
内臓など、食わず嫌いではなく
しっかり断面を確認して
食べるか否か
考えてみませんか？

さんまの上手な食べ方

1 背骨に沿って箸を入れ、まず背側の身を食べる。
2 次に腹側の身を食べる。肝は単独、身と絡めながらなどはお好みで。
3 上面をきれいに食べたら、頭を持って中骨を外す。
4 残りの身を食べる。
5 頭と骨と尻尾だけがきれいに残る。

さんまの内臓はなぜウマイ？

さんまのワタを捨ててしまう人がいますが、もったいないことこの上ない！ さんまを塩焼きにするのは、ワタを食べるためといっても過言ではありません。他の魚と違って、どうしてさんまの内臓は食べられるのでしょうか？

さんまのお腹を開いて見てみると、胃と腸の区別がなく、一本の管になっていることがわかります。多くの魚の場合は、食べものの消化に時間がかかり、その間に臭みが出ますが、さんまの内臓では食べたものが停滞せず、すぐに排泄《はいせつ》されるため、臭みが発生しません。食べ物が口に入ってから排泄されるまでの時間は、たった20～30分といいます。

いかり肩は
おいしい証拠
新鮮なさんま
くちばしの黄色も
おいしさのサイン

「魚は殿様に焼かせよ」ということわざがあります。魚は何度も触ると身が崩れるため、殿様のように気の長い人に焼かせた方が良いという意味です。

こんがり焼けた！

心臓

頭に近い三角の部分が心臓。ここはそんなにおいしくないので取り除いてもよし。

開けてみた！
えら
心臓
これが肝臓！
ねっとりして
一番うまい！

本当においしいさんまの選び方

脂がのったさんまは、頭の後ろの背中がこんもりと盛り上がっていて、くちばしの下側が黄色いもの。

ただ、どんなに脂がのっていても新鮮でなくては台無し。新鮮さは、肛門を見れば一発でわかります。鮮度が良いものはキュッと締まっていますが、時間が経つとだんだんゆるんで内臓が見えてしまいます。

澄んだ目も新鮮さの目安になりますが、充血しているかどうかは関係ありません。

意外と食べてる、魚の内臓

さんま以外にも、魚介類の内臓は
意外と食べられているんです。
身とは違った独特の香りと味は、大人好みかも。

あん肝

あんこうの肝臓で、海のフォアグラともいわれます。蒸してぽん酢をかけるだけでも美味ですが、鍋に溶かしたり、身と合わせて、ともあえにすることも。

かわはぎの肝臓

あん肝よりも舌ざわりがなめらかで、より濃厚なうま味が口いっぱいに広がります。肝をしょうゆに溶いた肝だれで食べる刺身は極上の味わい。

いかの肝臓

いかの塩辛は、この肝臓で身をあえて塩漬けにしたもの。肝だけホイル焼きなどにしてもイケます。ビタミンB12が含まれる栄養食でもあります。

あゆの内臓

あゆは清流でこけを食べて育つため、内臓に臭みがありません。新鮮なあゆの内臓を塩辛にしたものは「うるか」という珍味になります。

なまこの内臓

腸は「このわた」、卵巣は「このこ」と呼ばれ、よく塩辛にして食べられます。独特の香りがあるので好き嫌いが分かれますが、酒飲みには好まれる味。

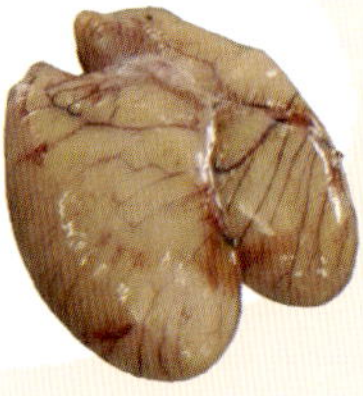

ふぐの卵巣

そのままでは猛毒がありますが、ぬか漬けにすると無毒化され食べられるようになります。なぜ無毒化されるかは、不明だそうです。

うに

我々が普段食べているのは卵巣と精巣。一見区別はつきませんが、オス（精巣）の方が形が崩れにくく、高級店では好んで使われます。

かつおのへそ

「へそ」というのはかつおの町・焼津の方言で、実際は心臓のことです。みそ煮込みや串焼きなどにして食べられます。魚というよりも肉のような味わい。

炭火のいろは

炭火七輪。
江戸時代からあった、
小型かまどで
持ち運びもできる
便利道具。
珪藻土《けいそうど》の粉を
固めて焼いてあります。

専用の「火おこし器」や
焼き網の上で炭に火をおこします。

さんまは、うろこを取って
しっかり塩をふります。

さんまを焼くときには
しっかり炭が赤くなってから。
焼き網は、油を塗ってから使うと
さんまの皮がくっつきにくい。

「遠火の強火」が基本。
遠赤外線の力で焼く。
炎が上がると焦げやすいので
網の位置に注意です。

どっちをかける!?

すだちより大きく、酸味も強い。大分の特産で鍋ものやふぐ料理に。緑色の濃いものほど風味がよい。

ゴルフボール大とサイズは小粒。さっぱりとした酸味が特徴。徳島の特産品。

黒まぐろ

日本人が最も好きな
魚のひとつとなったまぐろ。
その味の良し悪しは、見た目では、
なかなか判断が難しいそうです。
まぐろを取り扱う市場では、
夜明け前から仲買人の競りが始まります。
遠洋で揚がった冷凍まぐろも、
近海の生まぐろも、尾びれの付け根が切られて、
その断面で品定めが進みます。
尾の断面が、まぐろ全体を覗く
窓のようなものなのです。

1尾で、刺身2000人分!
背中が黒いからマグロ!

体重300kgのまぐろから取れる身は、およそ200kg。刺身1人前100gとすると、2000人分賄える計算になります。

黒まぐろはまぐろの王様

まぐろの本来の漢字表記は「真黒」。背が黒い、身が赤黒いことなどが由来です。

国内で主に食べられているのは、メバチマグロ、キハダマグロ、ビンナガマグロ、クロマグロ、ミナミマグロ、コシナガマグロの6種類。中でも黒まぐろは、最も高価。初競りでなんと1億5540万円の値がついたこともあるというから驚きです。

青森県の大間はまぐろの一本釣りで有名。大間産というだけでブランドとなり、高値で取引きされます。

仲買人は、まぐろの良し悪しを見極めるため尾の断面をほじります。指でその身をこねると見えてくる、細くて短い白い糸のような模様が脂なので、その入り具合で魚全体の脂ののりを見極めるそうです。

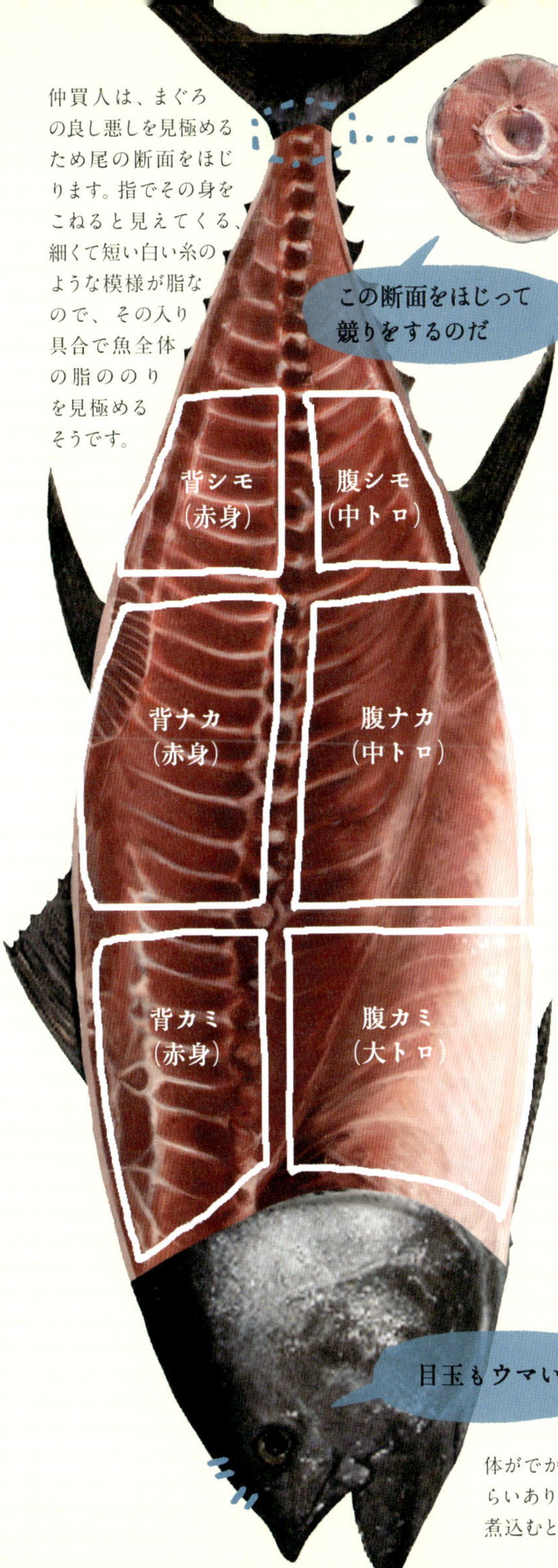

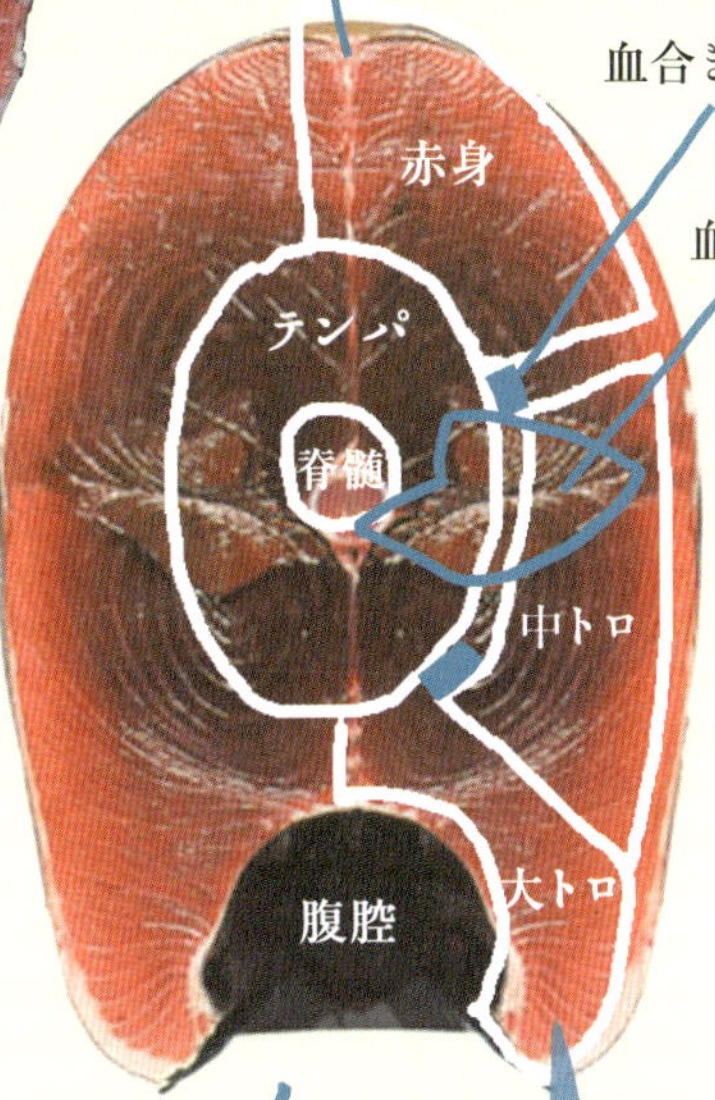

おいしい刺身用サクの選び方

いいサク

縦に平行に筋が通っている。

まあまあのサク

斜めに平行に筋が通っている。

いまひとつのサク

カーブを描いている。

体がでかけりゃ目玉もデカイ！ 1個300〜500gくらいあります。目の周りはコラーゲンたっぷりで煮込むとぷるぷるとろ〜り、おいしくなります。

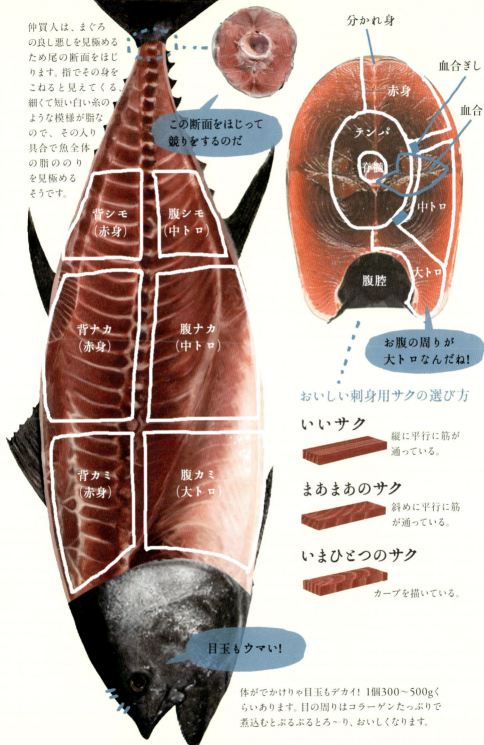

さば缶

日本の缶詰の歴史は、欧米向けに製造したいわしのしょうゆ漬けや油漬けから。

その後も、かに、えび、貝柱、グリーンピースなどは輸出向けに量産されました。

日本人が最初に親しんだ缶詰は、北方の鮭、いわゆるさけ缶からでしょう。

戦後の復興で、大量に獲れるさば、いわし、さんまの青物缶詰も輸出拡大に貢献しました。

まだ常温での流通保管しかできなかった時代、缶詰は優等生だったわけです。

缶詰は、さびない金属素材に密閉されて、高温で滅菌するため、長期間食材を保存できる画期的な技術。

200年も前に考えられたアイデアですが、缶切りの発明がそれからずっと後というのは驚きですね。

これは輪切りの断面だ!!
骨から出るだしがうまい
調理前

骨のうま味も出ます

さばを骨付きのままぶつ切りにしているから、骨髄からもうま味が出て奥深い味になっています。スーパーの切り身で作るさばみそよりおいしいかも!?

缶詰だから栄養満点！

生のままさばを詰め、完全に密閉してから加熱調理するため、さば缶にはさばの栄養がまるごと詰まっています。汁にも栄養が溶けているので残さず食べるようにしましょう。

安くて、長く保存できて、すぐに使えて……それだけでも充分ありがたいのに、缶詰のさばは栄養まで優れているときくと、もう生のさばは買えないかも!?

真さば

さばといえば真さばを指すことが多い。秋から冬が旬。

さばは脂もあって身がやわらかく、本当においしい魚。
魚の人気ランキングでは5位ですが、まぐろやさんまに負けない実力があるのだ！

缶切りの方が後に発明された!

缶詰が発明された当初は缶切りが存在せず、ハンマーで叩いたり銃で撃ち飛ばしたりと、なんとも手荒な方法で開封していました。缶切りを最初に発明したのは、エズラ・J・ワーナーというアメリカ人。缶詰の登場から、およそ50年後のことです。

時間が経過した方が
味がなじんでおいしいのです!
調理後
大きめの缶詰なら、
中サイズのさば丸1尾くらいの
量が入ってるよ

缶切りなしでも缶が開く!

「缶切りがなくて、缶詰めが開けられない!」そんなとき、なんとスプーンがあれば缶を開けられます。スプーンの下の方をしっかりと握り、缶詰のフチのどこか1カ所を、力を入れてこすります。5分ほどこすると薄くなり、ぐっと押し込むと穴が空きます。あとは通常の缶切りと同じ要領で切っていけば開きます。

缶詰にも旬がある?

さばの缶詰は製造直後よりも半年くらい経ってからの方が、味がなじんでおいしくなっているといわれます。オイルサーディンやツナなどの油漬けはもっと長く、製造から1年後くらいが食べごろです。
フルーツ缶の場合は、時間が経つにつれてシロップがしみこんでフレッシュな香りが薄れてしまうので、早く食べるほどおいしいそうです。

大西洋さば

ノルウェーサバとも呼ばれ、脂がのったものが多い。

味は真さばに劣るが、一年中品質が安定しているのが魅力。

ゴマさば

オモシロ 缶詰いろいろ

缶詰は、入れたものとともに
時間まで閉じ込めてくれるタイムカプセル。
そんなロマンチックな装置に魅了された人々により、
多種多様の缶詰が
この世に生み出されてきました。

パンの缶詰

ふわふわのパンが長期保存できる。非常食にも使える。

空気の缶詰

富士山のきれいな空気が詰まっている。

くじらの缶詰

独特のクセがあるが、それがくじら肉の醍醐味。

うなぎのかば焼き缶詰

いわしではない。一個約1000円〜と、ちょっとお高め。

スパゲティの缶詰

ソースのみならず麺まで入っている。アルデンテには程遠い食感。

おでんの缶詰

比較的有名? 数種類のおでんの詰め合わせ。

だし巻き缶

ふっくらだし巻きが、上品な味わいのだし汁に浸かっている。

たこ焼き缶詰

たっぷりソースの中にたこ焼きが沈んでいる。

トドの大和煮缶

北海道へ流氷とともにやってくるトド肉を使って作られる。

火山灰の缶詰

桜島噴火による降灰事情を知ってもらおうと商品化。

ヒグマの缶詰

脂身が多いが、舌でサラリと溶けて食べやすい。

さけの心臓缶

1匹から1個しか取れない心臓（当然か）がぎっしり。

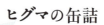

生さば缶
さば缶には
2つの種類があります！
ひとつめは
一度蒸してから
缶に詰める方法。
昔はこの方法でした。
しかし現在では、
生のまま缶に入れ
缶の中で
調理する方法で
作られています。
工場では新鮮なさばの
頭と内臓を取りのぞいて
きれいに
血抜きした
後に
缶にピッタリと
詰めます。
ポイントは調味液！
缶の中で時間を
かけて調理するので、
微妙な調整が
おいしさを
決めるのです。
生さば
フタをするときには、
中が真空になる
機械を使います。
130℃で
加熱され、
中まで殺菌
されるので、
長期保存が
可能です。
出来立ては、
おいしくありません！
生詰めさば缶は、6カ月ほどで
熟成して、味がマイルドになって
食べごろになるそうです。
いただきます

あとがき

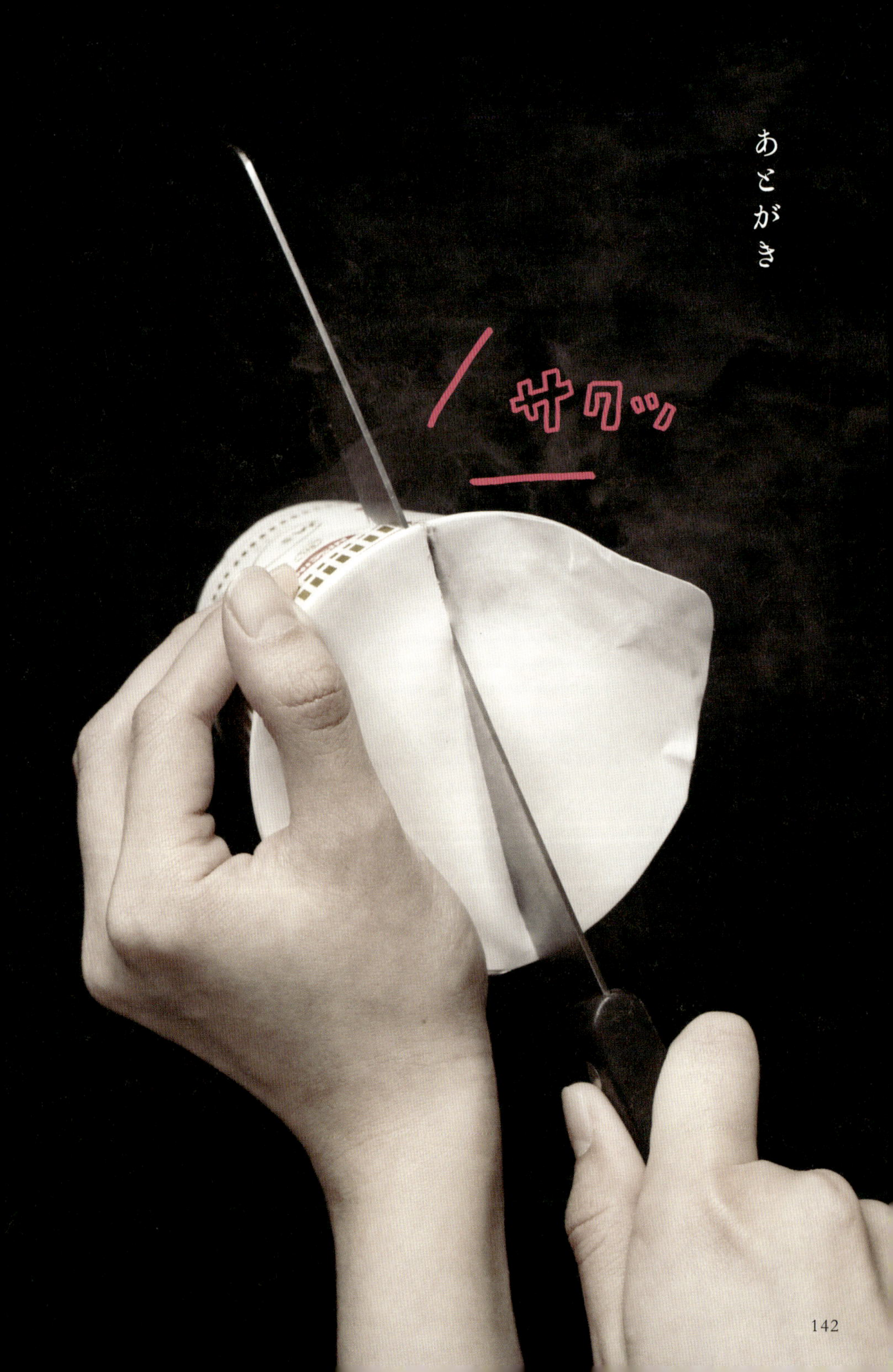

ナイフを入れたとたんに断面からあふれる肉汁、スルッと身がはずれたところに整列したさんまの小骨。美しい断面と出合う瞬間は少なくありません。

だれかれとなく食前の儀式のようにスマホを取り出す時代ですが、料理のおいしい姿は皿に盛りつけられたものだけではありません。

中身のおいしさは断面にこそあり、口に運ぶ直前に見えているものです。それが、見えているから人間はおいしく感じるとも言えます。

もし、目を閉じたまま、食べものを口に入れたらどうでしょう。

「味わう」とは、舌の味蕾《みらい》と鼻孔の臭覚情報が、脳の中枢で処理されて「おいしい〜〜」と知覚されることですが、断面はその事前情報に他なりません。「これは、おいしいかもよ〜、いや、おいしいに違いない！」という心の準備が大切なのですね。

ここまでたくさんのおいしい断面をご覧いただきましたが、お気に入りの景色はしっかり食事前に思い出して、脳の味覚中枢を刺激してやってください。

きっと最高の前菜となることでしょう。

ＴＤＫ（食べもの断面協会）としては、あれこれとおいしそうなものを気まぐれにまっぷたつにしてきましたが、切ってみてビックリの表情の料理もたくさんありました。こんなに面白い景色になるのならば、食堂の蝋細工サンプルも断面にすればいいのに、と思ったほどです。

どんな本になるか予測できない作業でしたが、とりあえず切りまくってみました。こんな断面制作作業にお付き合いいただいた、編集者の宮﨑桃子さんには感謝です。

ＴＤＫ代表　石倉ヒロユキ

著者　TDK（食べもの断面協会）

食の楽しみをさまざまな角度から切り、「表面と内面」を考察、断面の可視化解説を生業にする団体。カセットテープのブランドではありません。
主宰者は、アートディレクターの石倉ヒロユキ。

参考文献

『日本の食材帖 野菜・魚・肉』
主婦と生活社編/山本謙治監修/
ぼうずコンニャク監修
主婦と生活社/2009年

『乾物と保存食材事典』
星名桂治監修
誠文堂新光社/2011年

『ハーブ&スパイス事典
世界で使われる256種』
伊藤進吾監修/シャンカール・ノグチ監修
誠文堂新光社/2013年

『からだにおいしい フルーツの便利帳』
三輪正幸監修
高橋書店/2012年

『からだにおいしい 魚の便利帳』
藤原昌高著
高橋書店/2010年

『からだにおいしい 野菜の便利帳』
板木利隆監修
高橋書店/2008年

『食べ方のマナーとコツ』
渡邊忠司監修/伊藤美樹（絵）
学習研究社/2005年

『おいしくできる! トマト』
NHK出版編
NHK出版/2016年

『広島お好み焼物語
ふしぎな食べものが生まれたのはなぜ?』
那須正幹著
PHP研究所/2004年

『コーヒー語辞典』
山本加奈子著/村澤智之監修
誠文堂新光社/2015年

『チーズ図鑑』
文藝春秋編
文藝春秋/1993年

ヒミツがまる見え!

「おいしい!」の断面

2016年12月23日 初版発行

著者　TDK 食べもの断面協会

制作指揮　石倉ヒロユキ
編集・執筆協力　羽鳥明弓（regia）
デザイン　和田美沙季、若月恭子（regia）
写真・イラスト　石倉ヒロユキ
撮影協力　鈴木雅恵、岩﨑由美、小田桐慧美
資料協力　藤巻あつこ、サルメリアロッキュー
校正　（株）ぷれす
営業　津川美羽、石川亮（サンクチュアリ出版）
編集　宮﨑桃子（サンクチュアリ出版）

発行者　鶴巻謙介
発行・発売　サンクチュアリ出版

〒151-0051　東京都渋谷区千駄ヶ谷2-38-1
TEL 03-5775-5192　FAX 03-5775-5193
URL　http://www.sanctuarybooks.jp/
E-mail　info@sanctuarybooks.jp

印刷・製本　株式会社シナノ パブリッシング プレス